障がいのある子どもを育てながらどう生きる？

親の生き方を考えるための具体的な52の提案

作業療法士
クロカワナオキ

WAVE出版

はじめに

私には、成人した知的障がいのある息子がいます。見ただけではわかりにくいのですが、話してみると言葉は拙く、理解力が低いことがすぐにわかります。簡単な計算もできません。

それでも今は福祉就労の事業所で毎日仕事をしています。同居しているので、決まった生活費を家に入れてもらい、休みの日には友人と会ったり障がい者スポーツに取り組んだりする日々を過ごしています。

毎朝、隣でトーストをかじっている息子の横顔を見ると、思わず頭を撫でたくなってしまう。そんな気持ちが今でも溢れてきます。

しかし、今まで常にそのような気持ちだったわけではありません。時には愛情を純粋に注ぐことがつらい時期もあり、苦労の時間を過ごしてきました。

息子が幼いときは、「できることはなんでもしてあげたい」と思う反面、「息子のために自分の時間が犠牲になっている」とも感じていました。

そしてその後も、「自立できない息子は幸せな人生を送れないのではないか」という心配を本気でしながらも、「どこまで成長するのかわからない息子の世話をしながら、この先自分はどんなふうに生活していけばいいのだろうか」ということを不安に思っていました。

この不安を払拭するために知恵が必要だと考えた私は、書店に行きました。そこには子どもの育て方についての本はたくさんありましたが、障がいがある子どもを育てることになった、親の生き方や考え方をアドバイスしてくれる本は見つかりませんでした。子どものための本はあっても、親のための本はない。このことが本書を書くきっかけになりました。

親である私たちは一個人でもあります。だから、本心から子どもの幸せを願っている一方で、自分の生活を子どもに捧げることに不安も感じています。とはいえ、子育てをしていると、自分の生活と子どもの生活をはっきり分けることもできません。

障がいがある子どもの子育てはいつまで続くかわかりません。ですから、子どもの育て方を考えるのと同時に、親自身の生活設計についても、一度は立ち止まって考えてみる必要があります。

この本は、医療・福祉の分野で20年以上働いてきた作業療法士である私が、障がいがある子どもを育てた経験から得た知見であり、エッセイでもあります。その内容は**「子育てをしながら自分を大切にする方法」**から始まり、**「子どもが成長する支援」**を経て、**「親子の将来」**にたどり着く構成になっています。

その理由は、この本の中心が子どもではなく親だから。そして、**親が自分を大切にすることなしに、子どもを大切にすることはできない**からです。

親である自分のことも、子どものことも大切にする。そんな子育ての生活に向けた一歩を、ここから踏み出してみましょう。

目次

第6章

子どもが成長できる支援をする

ブックデザイン　奈良岡菜摘
イラスト　牧角春那
DTP　有限会社マーリンクレイン
編集協力　藤原雅夫
校正　株式会社ぷれす

第1章

子どもの障がいを受け入れる

提案

1

子どもの障がいは親の価値観を変える

私には子どもが2人います。上の子には知的障がいがありますが、下の子は健常者です。2人を育てながら感じるのは、健常な子どもには手がかからないということです。下の子は、教えなくてもいろいろなことが自然にできるようになることに、とても驚かされました。その経験が、障がいがある子の子育ては、親にとっても手間がかかることなのだということを実感する機会になりました。

そして、両者の子育てを比べると、**障がいがある子のことを考えるときには特に、親の価値観に変化がある**ことに気がつきました。

大人になっても、自分の力だけで生きていくことが難しい子どもに対して、幸せな生活を思い描くことは簡単ではありません。

経済面で言えば、金銭的な豊かさを感じることは難しいでしょう。障がい者就労の給料は一般的な会社に比べて安く、お金を使った贅沢や楽しい体験などの幸せは手に入りにくいからです。

また、健常な人は自分で考えて努力し成長することで、社会的成功を収めたり、承認欲求を満たしたりすることができます。しかし、障がいがある子どもの能力開発には限界があり、努力して能力がある程度向上しても、社会的な成功を収めたり承認欲求を満たしたりすることは難しいかもしれません。

そこで考えなければならないのは、**障がいがある子どもは、お金や社会的成功なしに、どうやって幸せになれるのか**ということです。

このテーマについて考えることは、親自身の今後の生活を考えていく上でも重要になります。なぜなら、この課題が親と子の双方の生活に通底しているからです。

子育てが終わる頃、親の多くは定年を見据えた年齢になります。その頃には社会的なポジションは決まり、社会人としての限界も見えてきます。生涯収入も定まってくるでしょう。体調を崩したり病気にかかりやすくなったりするのも、この時期からです。限界が見え、経済的なゆとりもなくなっていく中で、日々の生活にどのような価値を見出すのかということに、いつかは向き合わねばなりません。この点で、**「障がいがある子どもの幸せな生活を考えること」と「親自身が今後の生活を考えること」は通底している**のです。

障がいの有無に関わらず、「年を重ねることは何かを失うこと」でもあります。体力は

衰え、定年を機に収入は減り、社会的な役割も小さくなります。いずれは皆、今まで得てきたものを手放していく生活が待っているのです。

お金や体力、社会的成功を削ぎ落としたあとに残る、幸せの本質とは何なのか。その答えが、障がいがある子どもの幸せに対する答えであり、私たち親にとっての答えでもあるのです。

私たちはこのテーマについて、一般の人より少し早いタイミングで考えることになります。そうすると、日々の生活に対する価値観は大きく変わります。

私は、「息子の将来の生活」を考えることを通じて、「自分の今後の生活」への価値観が変わりました。経済的な豊かさや承認は一旦置いておき、**自分のことを、好意をもって見ることができる、「自身のありたい姿」でいることに価値を置く**ようになったのです。

その後の生活では、人とのつながりや家族と過ごす時間、本を読んだり、自然の中に身を置いて草花を眺めたりすることに重きを置くようになりました。

社会人として生活をしていると、自分の能力以上のことを求められることがあります。そのようなときも、「自分はどうありたいのか」ということを意識して生活することが、ウェルビーイング（満たされた状態）への近道だと考えるようになりました。

子どもの幸せについても、ほぼ同じように思っています。**能力に関係なく、子ども自身が「ありたい」自分でいられればいい**と。

point1

子どもの幸せを探すことは
「自分の幸せ」を見つけることでもある。

提案

2

子どもの
障がいを
受容する

子どもに障がいがあることがわかったとき、親は動揺します。始めは実感が湧かず、「何かの間違いではないか」「育っていくうちに自然に治るのではないか」と思う。やがて、いろいろな問題に直面して現実のことなのだと捉え、理解するようになり、怒りや悲しみにさいなまれる。

この苦しい時期を経て、子どものために前に進もうと決心し、現実と折り合いをつけていくうちに受け入れられるようになる――多くの親は、このような過程をたどります。

子どもの障がいが、親の心にダメージをもたらす原因の一つに、「障がい」という言葉が連想させる不便や差別などのマイナス要素があります。そのことに対して怒りや悲しみを感じるのは、強い愛情のために、子どもに対して自分の延長であるかのような一体感を抱いているから。**子どもの状態と自分とを切り離して考えることは難しい**のです。

私は息子を育てながら、医療・福祉の現場で何百人もの障がい者に関わってきました。多くは高齢者ですが、若い人もいます。交通事故で脳挫傷を起こし、話せなくなった人。ある日突然、手足が動かなくなり、病院で医師に「治療法がない」と告げられて寝たきりになった人。そういう人は、全体の比率としては小さくても、相当数います。

また、年をとると病気にかかる人の割合は増えます。日本人の3人に1人は認知機能にかかわる症状になるし、2人に1人はガンになります。普通に暮らしていた人が、ある日突然病気になる。そのようなことは誰にでも起こり得ます。

医療の現場で働く中で常に感じているのは、健康に過ごせているのは、単なる偶然にすぎないということです。健康な人もいれば、生まれながらに生命が脅かされている人、明日には病気になってしまう人もいる。息子の障がいも、多様な人たちの中の一端にすぎません。

世の中には不自由なく生きている人がいるけれど、息子よりも重い障がいに苦しんでいる人もたくさんいるので、そもそも人と比べることに意味がありません。私は**障がいとは、単に「そこにあるもの」**なのだと思っています。

もともとは健常者で、何らかの原因で後天的に障がい者になった人の中には、障がいを受け入れて前向きに生活している人が多くいます。その人たちは大切なものを失っているにもかかわらず、生きがいを見つけ、充実した日々を過ごしています。

一方で、障がいを受け入れられないまま、何年も過ごす人もいます。その人たちは、

見つかることのない治療法を探し求め、自分の不幸を嘆く日々を過ごします。なかでも自分が不幸だと決めつけている人は、まわりの人や支援者に過度に依存したり、つらくあたったりするので、周囲と距離ができやすくなります。

「障がい」に対してどう意味づけするのかは、その人自身が選ぶことができます。ポジティブな意味づけをすることは難しくても、障がいを受け入れられない人のように問題視しすぎてもいいことはありません。私の臨床経験では、**あまり問題視しない人のほうが、できないことよりも、できることに着目しやすい傾向にあります。**

私は息子の**障がいを、単なる「特性」だと意味づけしました。**その特性のために苦労するかもしれませんが、自分の特性に合わない環境で苦労するのは、健常者も同じです。

「今の息子のままで摑める幸せの形を追求することだけを考えよう」――そう決めたときから、私の中にあった混乱は収まり、息子の障がいを受容できるようになりました。

一般的に、障がいを受容することは、経過の到達点として語られることが多いのですが、実際には体調やコンディションに近いものです。

生活していてまったく気にならないときもあれば、何かの拍子に急に思い出してネガティブな気分になる。もう大丈夫だと思っていても、日常の合間にふと顔を覗かせるようなところがあるのです。

そんなときに意識しているのは、**自分が背負っている苦労は、障がいとともに歩んでいる息子の苦労に比べればたいしたものではない**ということです。

親子の苦労を比べることはできないし、根拠もありません。ただ、そう考えると息子への愛情を強く感じ、自分もがんばろうと思えるのです。

point2

障がいへの意味づけは
自分で選ぶことができる。

提案

3

子育ては「子どものため」と「自分のため」でバランスをとる

保育園の頃の息子は、毎日近くの消防署で消防車を見ないと機嫌を損ね、家に帰ってくれませんでした。早く帰って家事を済ませたい、休みたいというときに、言うことを聞いてくれない上に機嫌を損ねてぐずられるのは、かなりのストレスです。

私は息子のペースに合わせることに疲れてしまい、物事を冷静に考えることができなくなりました。そして、しだいに「息子のためにがんばっている」という意識が強くなっていきました。

人の我慢には限度があります。限界を超えたことに気づかなければ、「努力しても報われない」「がんばっているのに言うことを聞いてくれない」というネガティブな感情にとらわれていきます。

その感情が溢れ出てしまうと、子どもにひどい言葉や態度をぶつけて罪の意識にさいなまれ、さらにネガティブになる、という「負の連鎖」に陥るかもしれません。そうならないために、**「自分は何のために子育てをするのか」について、整理しておく**必要があります。

それはもちろん「子どものため」なのですが、「子どものためにがんばる」という思考にあるリスクを踏まえ、ここでは「親のための子育て」について考えてみます。**子育てに力を入れるメリットは「親の安心感」が得られること**です。そうすることで子どもの能力は従来よりも高くなり、できることも増えるからです。**子どもの成長が感じられなくなると、まず不安になるのは子どもではなく親**です。子育ては親の不安を払拭し、安心するために行うという側面もあるのです。

「療育」を積極的に行えば、将来の子どもの自立度が上がる可能性は高まります。親が年を重ねたとき、子どもの自立度が高いほど、老後の負担も軽くなるでしょう。**子育てに力を入れることは、長い目で見れば親のためになる**のです。

子どものペースに合わせなければならない生活の中で、「自分のため」に子育てをしている感覚を意識して持つことは、ニュートラルな心の状態を維持するのに役立ちます。

私は**普段、「子どものためにしている」という意識がベースにありますが、心のバランスが崩れそうになると「自分のためにしている」と意識を切り替える**ようにしていました。

子どものためにがんばっているのに報われない。そのようなことが頭をよぎったら、それは意識の切り替えが必要なサインです。
自分が安心したいから子どものことをしている。そう考えてみると、新たな気持ちで子どもに関わることができるようになります。

point3

「自分のため」に子育てをしてみる。

提案

4

子どもの成長は予測しない

息子は、小学校に入学後も話す言葉がほとんど増えず、外を歩いて車に轢《ひ》かれそうになっても気づきませんでした。そのような状況に、「この子はこのまま、成長せずに大人になってしまうのではないか」と不安を抱いていました。

それでも息子はそれなりに成長しました。いまだ多くのことに支援は必要ですが、**数少ない「できること」を利用して「できないこと」をカバーしながら、なんとか生活しています。**

例えば買い物だと、スーパーのカゴに入れた商品の合計を計算できませんが、金額の大小はなんとかわかるため、レジでの支払いはお金を多めに出すという大雑把な方法で行っています。

そういった独自のやり方でも、くり返していけばそれなりの記憶や経験が蓄積され、なんとなく金額の見当がつくようになっています。このようなやり方は、誰かに教えられたわけではなく、自分の経験から体得しているようです。

また、障がいがある子どもを育てる人は、異なる時間軸においても不安を感じます。

● 障がいがあることが判明し、不安が込み上げてきた「過去」。

●ほかの子どもより発達が遅れていることを直視せざるを得ない「現在」。
●これから成長していくのだろうかという不安が募る「未来」。
過去、現在、未来への不安はつなぎ合わさり、大きなかたまりとなって心に重くのしかかります。当時の私は、息子の将来に希望が感じられませんでした。

しかし、本当は将来のことなんて誰にもわかりません。**希望が持てないくらいなら、子どもの将来なんて考えないほうがいいし、安易な予測もしないほうがいい。どうなるかわからない将来よりも、目の前の子どもにしてあげられることや、自分の生きがいについて考えたほうがよっぽど堅実**です。

障がいがある子どもには、できないことがある反面、少しずつできるようになることもあり、生活の幅を広げることができます。でもその内容や方向性は、ある程度時間が経たないとわかりません。

そのことを踏まえると、子育ての不安に対する親の正しい姿勢は、**「子どもの将来は予測できないけれど、成長はする。だから今は、目の前の子どものことに意識を集中する」**ということになります。

そう考えるようになってからは、目の前の息子の成育環境を整えることに集中するようになりました。その間も、変わらず息子の将来に希望は感じられませんでした。しかし今、子育てに対する後悔はなく、現状にもそれなりに満足しています。

後悔がないと言えるのは、子どもの育ち方や自立度には関係ありません。その時々で目の前のことに意識を集中させて、できることを最大限行ってきたと思えるからです。

point4

不確実な将来よりも、
目の前の子どもに集中する。

提案

5

子どもの成長よりも自分の行動に目を向ける

息子が幼い頃、「あの子はこれができるのに、うちの子にはまだできない」ということが目について仕方ありませんでした。発達検査の結果に一喜一憂し、できない項目をどうやって練習させようかと考えます。でも、子どもは思い通りに動いてくれず、そのことに悩んでいました。

改めて息子の気持ちを考えてみたとき、自分の悩みは視点がずれているのではないか、という違和感を抱きました。そして気づいたのは、**成長の方向性は本人が自分で決めるもの**だということです。**子どもが興味を感じるものに出合い、主体的に努力したことが、できるようになります。親が努力したからといって、子どもが成長するわけではありません。**

親がいくら子どもの成長を心配したとしても、何も変わらないのだということに気づいて、肩の荷が下りた気がしました。

とはいえ、親は子どもにとって身近なお手本であり、振る舞いのサンプルになります。良くも悪くもそれが積み重なり、子どもにとっての行動規範となるのです。

私が育った家庭は、家族の間で「ありがとう」や「ごめんなさい」といった、人間関係を円滑にするための会話がありませんでした。そのせいか私は社会人になっても、人に感謝や謝罪をどのようなタイミングで伝えていいのかがわからず、苦労しました。

そんな苦労を息子たちにはさせまいと、私は家族に対して感謝や謝罪を積極的に口にするようにしました。その後、息子は言葉の発達に遅れはありましたが、家や学校、職場で「ありがとう」「すみません」を自然と口にするようになりました。

日常では忘れがちですが、親である自分の振る舞いは子どもの言動に影響します。**子どもの行動が気になったときは、まずは自分の行動に目を向ける**のです。

子どもが成長の方向を自分で定めるとすれば、**子どもが自分の意思でいろいろな経験が得られる環境を整えてあげる**ことが必要になります。

子どもは自分にどのような生き方があるのかを十分に知りません。知りたくても、生まれ持った特性のために限界があるのです。一方で親は、子どもが興味を持つかもしれない活動に触れる機会をつくることができます。

いろいろな活動の場に連れて行ってあげれば、新しい興味の対象に出合えます。その中には、子どものやる気スイッチを押してくれる活動があるかもしれません。子どもができそうなことを目の前に一つずつ置いてみて、その中に心を動かすものがあれば、子どもは自分の意思で手を伸ばすでしょう。

子どもの成長に一喜一憂するのは親心ですが、停滞を感じたときは一旦目を閉じて、**自分が子どもの行動規範となることや、成長機会をとりにいく行動だけに集中してみます。**親が自分の行動に焦点を当て続けることが、結果的には子どもの能力を発揮することにつながるのです。

point5

子どもの成長機会をつくることだけを考える。

提案

6

子どもも子育ても
他人とは比べない

私の脳裏には忘れられない情景があります。それは自閉症の作家、東田直樹さん親子の講演会でした。講演は主催者である女性の挨拶で始まったのですが、その方は重度自閉症の子のお母さんでした。

その内容はおおよそ、次のようなものでした。

「私の子どもは、思っていることを意思表示することができません。でも東田さんは、お母さんの努力で自身の内面を表現できるようになられている。自分の子どもにも、きちんと工夫をしてあげていたら、そうなっていたかもしれない。そう考えると、子どもに対して申し訳ない気持ちになります」。

涙を浮かべながら話をされる女性を見て、私は愕然《がくぜん》としました。

彼女は自身の子どもに深い愛情と責任感を持って育てられたのだと思います。だから自分に原因があるのではないかという葛藤が生じたのではないでしょうか。

そう考えると、彼女が親として十分な努力をされていたことに、疑いを挟む余地はありません。

唐突に、自分の子どもと障がいの程度が似ている存在が現れ、その子は自分の子よりもできることが多い。

そのために自信をなくし、努力を重ねてきた自分の子育てを否定してしまう。そういう心境だったのだと思います。

世の中にまったく同じ人間がいないように、同じ親子関係もありません。それぞれがオリジナルなので比べる必要はないし、ほかの人のすべてを知ることはできないので、厳密に言えば比べられないはずです。

それでも子育てや子どもの能力を他者と比べるとき、そこで気づくのはネガティブなことだけです。

たとえ「自分のほうができている」という印象を持ったとしても、信頼性の低い情報同士で比べて、価値がないことを、あたかもあるように誤って認識してしまうという意味で、ネガティブです。

ネガティブなことが頭の中を占めると、「今」や「これから」のことに意識が集中できなくなります。だから、**自分と自分の子育てを守るために、「人とは比べない」という強い覚悟が必要になる**のです。

それでも、無意識に子どもや子育てのことを比較していることに気づいたら、こんな言葉を自分にかけてみるといいと思います。

「比べることで、果たして自分たちにいいことがあるのだろうか？」

point6

他人と比べない覚悟が自分の子育てを守る。

提案

7

子育ての
ネガティブ思考
から抜け出す

息子に障がいがあることを受け入れるまでに、さまざまな葛藤がありました。息子が不憫《ふびん》だと思ったし、その息子を育てる自分も不幸だと考えることもありました。さざなみのように押し寄せてくるネガティブな思考に、心を掻き乱されることがあったのです。

ネガティブな思考から抜け出せない理由の一つに、障がいがある子どもを育てる親がなりやすい「マインドセット」があります。

マインドセットとは、物事を判断したり行動したりする際の基準となる考え方で、「思考のクセ」のようなものです。日々の出来事を無意識に判断するとき、その判断は思い込みにとらわれていることがあります。

子どもの障がいに対するネガティブな思考から離れられない場合、次の４つのマインドセットのいずれかに陥っている可能性があります。

①「子どもが幸せにならないと、自分も幸せになれない」

自分の人生は子どもに左右されるという認識です。自分と子どもの状態に因果関係があり、子どもが不幸だと親も不幸になると感じてしまう。

確かに子どもが幸せそうにしていれば親も幸せな気持ちになるのですが、「子どもが幸せでなくても、親は好きなように過ごしていて幸せ」という状況もあるし、「親は不安で悲しくても、のびのびと遊んでいる子どもは幸せ」という状況もあるでしょう。

親子であっても価値観は異なるので、一緒に生活していても、日常に対する印象が一致するとは限りません。むしろ、それぞれが別の時間を過ごしていて、違う印象を持っていると考えたほうが自然です。

このマインドセットに陥っている場合、**「自分の人生と子どもの人生は別のものである」**という認識に修正し、**子育てとは別のところに自分の幸せがあるなら、それはどのようなものなのか、考えてみる**といいでしょう。

②「子どもが成長できなければ、その責任は自分にある」

子どもの成長と親の行動に因果関係があるというマインドセットです。親の努力や工夫でも子どもの成長は変わりますが、親の行動に重きを置きすぎています。

子どもは、環境との相互作用の中で成長していきます。幼少の頃は多くの時間を親と過ごしますが、保育園や幼稚園に通うようになれば、ほかの子どもや先生と過ごす時間が長くなります。その後も成長するにつれて、多くの人が子どもの環境として作用していきます。

もし、子どもの成長への責任を感じすぎているのなら、**「子どもにとって親は成育環境の一要素にすぎない」**という視点を持ったほうがいいでしょう。そのほうが余計なプレッシャーを感じなくて済むし、広い視野を持って子どもの成長や、そのための環境について考えられます。

このマインドセットを修正すると、子どもが置かれている環境を客観的に見られるようになります。その中で、**自分が親としてどのような存在であればいいのか、自分にしかできない支援とは何なのか、**を考えればいいのです。

③「育ててあげているのだから、子どもに言うことを聞いてほしい」

子どもに「なぜ（親である）自分の言うことを聞けないのか」という怒りを瞬間的に感じることがあります。子どものためを思う気持ちを理解してもらえないことに落胆することもあるでしょう。

「子どもは親の言うことを聞くもの」という認識は、私たちが上の世代から刷り込まれたマインドセットです。養ってあげている親の言うことは聞くべきだという訳ですが、これは少し間違っています。**子どもは自分の意思でこの世に生まれてきたわけではありません。親がそう望んだのです。**子どもは親に養ってもらいたくて生まれてきたわけではないのです。

誰の、どのような意見を聞くかは、子ども自身が判断することです。もしかしたら、親に限らず人の言うことや、自分にとって都合の悪いことは聞けないだけかもしれません。もちろん障がいの影響も考えられます。

子どものためを思い、愛情を持って話して聞かせることもありますが、子どもが必要ないと判断すれば、意味なく終わってしまいます。

一方で、「親の言うことを聞く子どもがよい」という風潮も、現実離れしているのではないでしょうか。

社会に出れば、自分の身を守るために、まわりの意見とは異なる行動をしなければい

けないこともあります。社会的ポジションが上の人の言うことを、無条件に聞かなければならないと思い込んでいる子どもが、もしそのまま大人になったら。施設や就労先でいいように扱われ、自分を犠牲にすることになります。

伝えたいことがあるときは、子どもの反応に期待しすぎないことです。障がいのために、その場ですぐに言葉や態度で反応できないこともあるし、成長したあとになって、その意味を理解することもあります。

④「障がいがある自分の子どもはかわいそうだ」

この感情は、親なら誰しも一度は抱くのではないでしょうか。私は今でも、そういう気持ちになることがありますが、子どもに特別な愛情を持っているのだから仕方ない、と思うことにしています。

一方で、子どもは少し違った感覚を持っているかもしれません。**自分の人生と他人の人生を比べることはできないから**です。

仮に、生まれつき視覚障がいのある子どもがいるとします。親からすれば不憫に思うのですが、目が見える世界を知らない子どもにとっては、それが今の人生とどう違うのか、具体的に理解することや比較することはできません。

そう考えると、じつは**障がいのために自分が「かわいそう」だと思っている子どもはあまりいない**のかもしれません。ただ、親が子どもに「かわいそう」というレッテルを貼ってしまうと、子どもも自分のことを「かわいそう」だと認識してしまうかもしれません。

本当は比較できない他人の人生と比べて、子どもにも自分にも「かわいそう」というレッテルを貼ることにメリットはないのです。

point7

ネガティブなマインドセットを意識して修正する。

第2章

子育てと親の生活を整理する

提案

8

子どもよりも
まず自分を
大切にする

息子に障がいがあるとわかったとき、私の中に相反する2つの感情が湧きました。ひとつは「障がいがあっても幸福な人生を送れるようになるために、何でもしてあげたい」という愛情。もうひとつは「これからは子どもの世話に多くの時間が割かれるようになり、自分のやりたいことはできなくなるのだろうか」という不安でした。

息子への純粋な愛情と同時に、今後の自分の生活に対する葛藤も生まれたのです。

障がいがある子の子育てには、多くの時間がかかります。成長の過程で備わっていくはずの能力が得られず、親の支援が必要になるためです。

とはいえ、時間はゼロサムです。子育てに時間をかければ自分のための時間は減り、自分のために時間を使えば子育てにかける時間はなくなります。

もし子どもが大人になっても自立できなければ、生涯にわたって支援の時間が続きます。障がいがある子の子育てには**「もし子育てに終わりがなかったら、自分の人生をどう構築するのか」**という親自身の問題が内在しているのです。

この状況で、まず最初に受け入れなければならないのは、**「子どもよりも自分を大切にする」**ことです。**親の心身が健康でなければ、子育ても子どもの生活も成り立たない**からです。

障がいがある子どもが生活していくためには親の支援が必要ですが、その支援はいつまで必要なのか、わかりません。この状況で自分を後回しにして、子どものことに没頭してしまっては、心身の調子を崩してしまいます。**終わりが見えないからこそ、自分の心身の状態を意識する必要性が高まると心得るべき**です。

子どもの成長の過程で、なるべく多くの能力を獲得してもらいたいとき、親の行動や判断が大きく影響します。成長を促すための方法は、親が主体的に情報収集しなければ見えてきません。その中で、どの方法が子どもに適しているのかの判断も、親に委ねられます。

親の精神が不安定だと、情報収集する意欲も低くなります。なんとか行動に移せたとしても、余裕のなさから不確かな情報に惑わされたり、間違った判断をしたりしてしまうかもしれません。**子どものための判断を冷静に行えるかどうかは、子どもの成長に長期的な影響がある**のです。

「自分を大切にする」とは、心身の調子に気を配ることだけでなく、**自分の本音や本心**

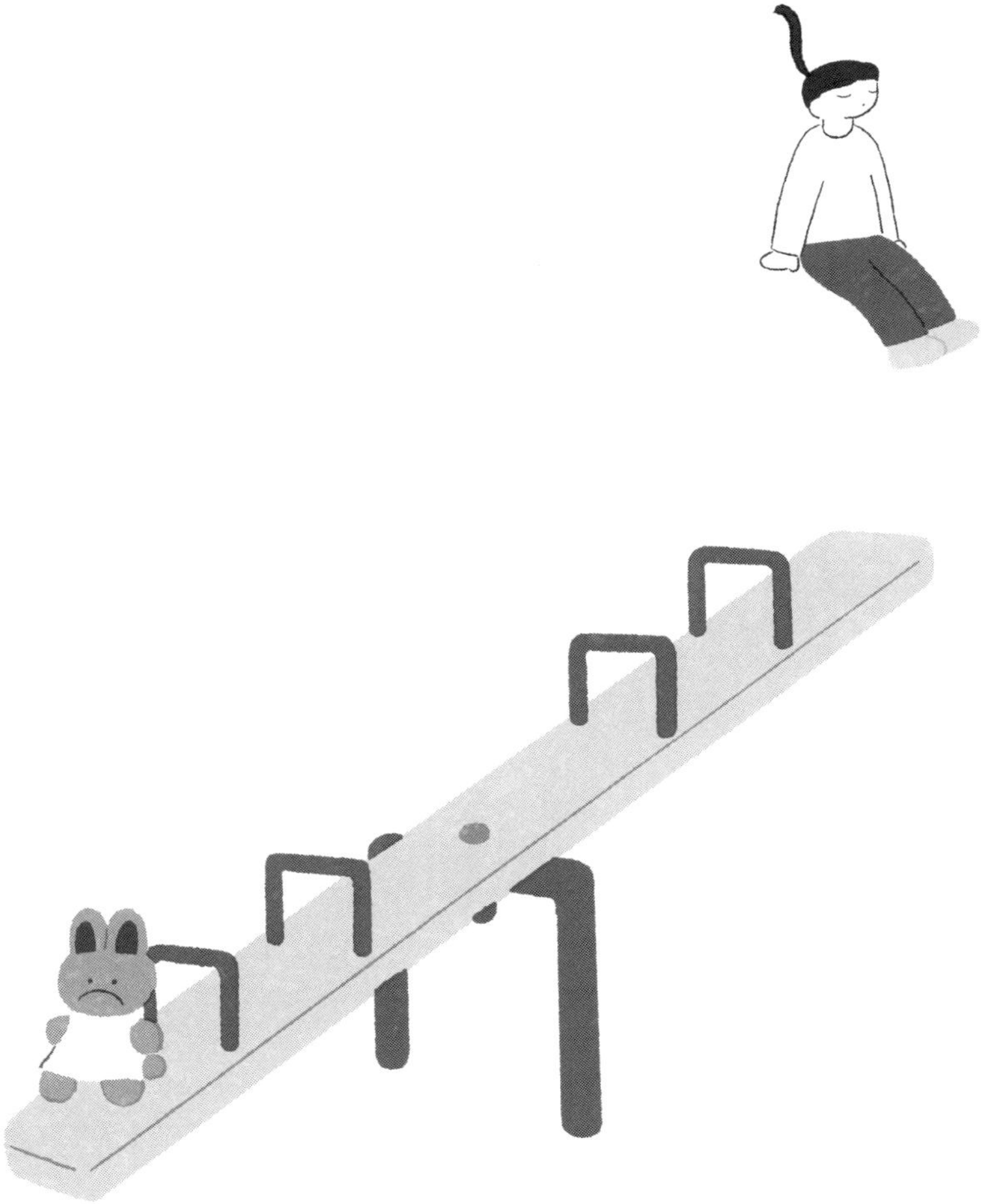

を押さえつけず、負の感情にも配慮しながら過ごすことでもあります。子育てには、きれいごとでは済まされないことがあります。ネガティブな感情や利己的な考えが思い浮かんでも不思議ではありません。

ありのままの自分の気持ちを認め、その上で今後の生活に対する価値観を考えてみる。親が自身の素直な気持ちや価値観を理解しようとすることは、子どもを大切にすることにもつながります。自分自身を理解しようとした経験がないと、思いを表現することが苦手な子どもが考えていることや感じていることを理解することも難しいからです。

他者の考えや気持ちを理解しようとするとき、自分の中にある「心の理論」と照らし合わせます。「心の理論」は心の動きを意識し、言語化することで形成されていきます。「こういうことが起こったら、こう感じる・このように考える」といったように、状況の変化に応じた心の動きを言語化することで、他者の心の動きが理解できるようになります。

子どもの心の内に起こっていることを推測するとき、自分の中にある「心の理論」が参考になります。

「今日は○○が不安だから元気がないのかな？」

「○○ができて嬉しかったから、またやりたいって言っているのかな？」

「自分が○○だと気がついたから自信がなくなったのかな？」

このような推測は、自分の中にある「心の理論」が手がかりになっています。

そして、子どもの心の内を推測するときの精度は、自分を理解しようとしたり、素直な気持ちに向き合ったりという経験に左右されます。親が自分を大切にできないと、子どものことも大切にすることはできないと言えるのはそのためです。

子育てでは、まずは自分を大切にすること。そして、そのためにどのようなことができそうなのかを考えること。このことが子どものためにもなり、親が自分らしく生活していくための最初の一歩になるのです。

point8

> 自分を大切にすることが、
> 子どもを大切にすることになる。

提案

9

子育て中に
自分のことを
後回しにしない

「自分のことは後回しにしてでも、子どものことをしてあげたい」――障がいがある子どもを育てる親には、このような気持ちになることがあります。

しかし、子どもを優先するあまり、自分のことを後回しにし続けると、後悔が生まれることもあります。**子どもの成長とともに親も年をとり、できることが少なくなっていく**からです。

親の年齢を軸に、生活の変遷を考えてみます。

仮に親が30歳で子どもを授かったとすると、子どもが小学校、中学校、高校の12年間の学校生活を終える頃には48歳になっています。

人の体力は40代後半から著しく低下し、知能は30歳頃にピークを迎えると言われています。親の体力や知能は、子どもが学校を卒業する頃には衰えていきます。

50歳頃には、社会的なポジションもある程度決まっています。仕事をこれからがんばろうとする人よりも、定年を見据えて働き方を調整していく人のほうが多いかもしれません。子どもが成人する頃には、親の心身の状態や社会的役割は、折り返し地点をすぎているのです。

子どもは、学校卒業後に就労できなかったり福祉就労になったりすると、学校に通っていた頃よりも長い時間を家で過ごすようになります。

私の息子は高等特別支援学校に通っていた頃、朝早く家を出て夕方に帰宅する生活でした。しかし、福祉就労してからは朝ゆっくり家を出て、昼すぎには帰宅し、夜まで家でゆっくり過ごしています。

彼はセルフケア（食事や排泄《はいせつ》、入浴など）が自分ででき、外出して食べものを調達することもできます。そのため、今のところ私の生活が受ける影響はそれほど大きくありません。それでも学校に行っていた頃に比べ、自宅で子どもと一緒に過ごす時間は格段に増えています。

もし、子どもが自分で身のまわりのことができない場合、学校を卒業したあとは、親が個人的な時間を確保することは難しくなるかもしれません。

親に起こる経年変化や子どもの卒業後の生活から考えると、子育てニーズが高い時期は親の心身にも余裕があり、個人の時間を確保しやすいと言えます。その時期に**親が自分のやりたいことを我慢して後回しにしてしまうと、後に後悔する**かもしれません。かといって、子どものことをおろそかにするのも気が引けます。

子育てのニーズが高い時期に「子どもと自分のどちらかを優先する」という考え方だと、どちらかを犠牲にしなくてはなりません。どちらを選んでも、結局は後悔が残ります。

そういったことを考えると、**障がいがある子の子育ては「子どものことと自分のことを両立する」が基本**になります。**子育てに必要なことに取り組みつつ、自分のやりたいこともある程度やれている。そういう状態を目指す**のです。

とはいえ、障がいがある子の子育ては多忙なので、両立させることは簡単ではありません。そのために必要なのが、優先順位を決めることです（次項参照）。

point9

子育ての期間は
親にとっても貴重な時間になる。

提案

10

子育てと自分の
やりたいことを
両立させる

障がいがある子どもの子育ては多忙です。健常な子どもよりも多くのケアを行いながら、通院や福祉サービスの手続き、障がいについての調べものなどをするからです。仕事もしていると、スケジュールの調整にも気を遣わなければいけません。

このような忙しい生活を送っていると、親の意志やアイデンティティは簡単に流されてしまいます。親が自分の時間を確保することも難しくなるでしょう。

タスクが多すぎると、大切なこととそうでないことを判断する余裕はなくなります。子どもの成長には段階があり、その時期に適している支援というものがあります。忙しい日々をこなしているうちに、その時期にしかできない支援のタイミングを逃してしまうかもしれません。

子どものために忙しく動くことは、悪いことではありません。むしろ献身的な行動で、あり、愛情の表れです。ただ、そういう生活が長く続くといつしか疲れ果て、自分の心を見失ってしまいます。

親であっても「子どもが成長してくれれば、自分のことはかまわない」と言いきれるほど強くはありません。子どもへの愛情は本心でも、それだけで自分を保てるほど、人の精神は強くないのです。

むしろ**親個人としての生活が、ある程度充実していて「自分の人生を生きている」という実感がないと、子どもに献身的な支援を続けていくことは難しい**のではないでしょうか。

そのために「自分を大切にする」ということを前提に生活を組み立てる必要があるのです。

自分を大切にするということは、自分の正直な気持ちを抑圧しないことでもあります。子育てに取り組みながら、自分のやりたいこともする。**障がいがある子どもの子育ては「子どものこと」と「自分のこと」の両立が基本**になるのです。

とはいえ、多忙な日常ではできることも限られます。そこで重要なのが、**親子それぞれにとっての優先順位を整理する**ことです。今、子どもにとって、自分にとって大切なことは何なのか。一度は時間をとり、集中して考える必要があります。

優先順位を整理する手順は次のとおりです。

①「自分がやりたいこと」と「子どもに必要なこと」を、思いつくまま箇条書きにする。
②「自分」と「子ども」それぞれの項目に、大切なものから優先順位をつける。
③**「自分がやりたいこと」と「子どものために必要なこと」のそれぞれの優先順位の上位1つか2つだけを生活に取り入れる。**

優先順位をつけ、生活の中に取り入れられる数に絞り込むことで、忙しい中でも両立ができるようになります。

私は、優先順位の整理を定期的に行ってきました。時期や状況によって優先順位は変化します。定期的に見直すことで、「自分は今何を大切にしたいのか」「今、子どもに必要なことは何なのか」をアップデートすることができます。

変わり続ける状況の中でも、自分と子どものそれぞれにとって、いちばん大切なことだけを続けていく生活をするのです。

優先順位を考えることは、生活をデザインし直すことでもあります。先の見えない子育てに取り組む私たちの生活は、これからも子どもの状態に左右されるでしょう。その中でも前向きに過ごし続けるために、これからの生活をどのようなことで満たしていきたいのかを、考え続けていくのです。

point10

「自分がやりたいこと」と「子どものために必要なこと」のいちばん大切なものだけを続ける。

提案

11

「個人としての自分」と「親としての自分」

子育てに忙しい日々を過ごしているときは、自分のやりたいことがうまくイメージできないかもしれません。

そのような人の1日は、子育てや家事などの「やらなければならないこと」が多くを占めるようになります。

親になると、子どもを差し置いて自分のことだけを考えることが難しくなります。だから「親としての役割ではなく、個人としての自分はどうしたいのか」について一度は考えてみる必要があります。

何がやりたいのかわからないときは「もし子どもがいなかったら、どんなことをやってみたかったのだろう」と考えてみるといいでしょう。

考えたところで実現するのは難しい、と思われるかもしれませんが、自分の興味の方向性に向き合うことには意味があります。その方向性がわかると、個人としての時間を取り戻しやすくなるからです。

自分の興味の方向性がわかれば、子育ての合間にできそうなことが見つけやすくなります。それは読書やヨガかもしれないし、推しを応援することかもしれない。人によっては、ビジネススキル向上のための勉強かもしれません。

子育ての合間に、自分の興味の方向性に沿った活動に取り組むことで「**自分のために時間を使っている実感**」**を持つことができるようになります。**

「自分のために時間を使っている」という実感は、親ではない、個人としての自分を認識させます。

すると子育ての生活は**1日の中で、「個人としての自分」と「親としての自分」を行き来する**ようになります。

この過ごし方には、2つのメリットがあります。

ひとつは「**後悔しない**」こと。過去を振り返ったとき、子育てだけでなく、自分のやりたいこともやってきたという実感が伴うようになるので、あとになって時間の使い方を後悔するリスクが低くなります。

もうひとつは「**落ち着いて子育てに取り組める**」こと。自分のための時間を過ごすことでストレスが溜まりにくくなり、子どもに優しく接しやすくなります。

また、「**個人としての自分**」**を認識する時間を過ごすことで、子育てに対して俯瞰《ふかん》した**

見方ができるようになり、子どものことを客観視することにもつながります。

個人としての時間をつくることは、子育てにも役立つのです。

point11

個人としての時間を持つことは、
子育てを客観視することにつながる。

提案

12

親の生きがいを持つ

知的障がいがある子どもを育ててきた期間、子育てが私の「生きがい」になることがありました。

「生きがい」とは一般的に**「生きることの喜びや張り合い」**のことです。ハンセン病で隔離された人たちの支援に携わった精神科医の神谷美恵子さんはその著書で、生きがいとは「やりたいからやるという自発性を持っていて、生活上の実利実益とは必ずしも関係ないもの」と述べています。

親にとっての子育ては「やりたいからやる」に当てはまらないこともあります。子どもがあまり好きでない人や子育てが苦手な人にとっては苦痛になるだろうし、人には性分があるので、子育てに向いていないと感じる人もいるでしょう。親であっても子育てとは別のことに生きがいを感じる人もいます。

それでも私が子育てに生きがいを覚えたのは、いくつかの理由があったように思います。それは、

「自分の努力が、子どもの成長に寄与していると感じられた」

「子どもの世界が広がっていくところを見届けるのが、自分の楽しみになっていた」

「子どもに必要とされることに、自分の存在意義を感じられた」ということです。

とはいえ、子育てに対して、いつも生きがいを感じていたわけではなく、イヤになるときや距離を置きたくなることもたくさんありました。

障がいがある子どもの子育てを、生きがいだと感じられるには、２つの状況が必要でした。

ひとつは「**余裕があること**」。

家事や子どもの世話に忙殺されて心身が疲れていると、どれだけ子どもを大切に思っていても、子育てを生きがいとは感じられません。**自身が危機的な状況だと、生きがいを感じることはできなくなります。**

自発性が伴った、生きがいとしての子育てに取り組むためには、心の余裕が必要です。イレギュラーなことにも落ち着いて対応できる心のゆとりがあって初めて、子育てが楽しく感じられるようになるのです。

もうひとつは「**子どもと過ごす生活に変化がある**」こと。

子育てを「やりたいからやる」という心境になった時期には、生活にもちょっとした変化がありました。**子どもの言動に、小さくてもポジティブな変化があると、親の行動がプラスに働いていることを実感できます。**子どものために工夫したくなったり、前向きな行動をとりやすくなったりするので、子育ては「やりたいからやる」になっていきます。

この流れを生み出すには、発達支援の専門家にアドバイスを求めることが近道となります。そうすることで、生活の工夫がしやすくなり、子どもにも変化が見られやすくなるからです。

一方で、持って生まれた特性のために、子どもの行動にポジティブな変化を望むことが難しい場合もあります。そんなとき、**生活に張り合いを持たせるための糸口を探すことが生きがいにつながります。**

生活がマンネリにならない工夫が、生きがいを生み出すきっかけになるのです。親が個人的にしてみたいことに取り組んでもいいし、子どもと一緒に過ごす時間の過ごし方について、いろいろと試してみてもいいでしょう。

私は、息子が高等支援学校を卒業する少し前、親としてできることは、ほとんどなくなってしまったと落胆していました。

そんなとき、息子からライブに連れて行ってほしいとせがまれ、重い腰を上げて二人でPerfumeのライブに出かけたのですが、実はこれが、予想外に楽しい思い出となりました。

最近の彼はプロ野球の虜《とりこ》になっていて、そんな行動に引っ張られる形で、家族でナイター中継を観戦するようになりました。息子との時間の過ごし方は、今でも少しずつ変わり続けています。

旅行とまではいかなくても、家の中でできる些細なことでかまいません。**子どもとの過ごし方をいろいろ試してみると、思いがけないことで共通の楽しみが見つかり、生活に潤いをもたらしてくれます。**

息子が生まれたとき、何事にも自信が持てなかった自分が、誰かに必要とされる存在になれたことに、心の底から安堵しました。そうした喜びも、雑務に明け暮れているうちにしだいに薄れていきます。

日々の生活に行き詰まったとき、私は自宅から離れた場所で過ごすことがあります。そうした場所で生活を振り返ったとき、家族と過ごす幸せを再確認します。障がいがある子どもを育てる生活も、気分を変えてみると、そのかけがえのなさに気づくことがあります。そんなこともまた、生きがいにつながるのです。

point12

「心の余裕」と「生活の変化」が
子育ての生きがいを生む。

提案

13

子どものために、あえて「共働き」をする

私たち夫婦は共働きです。子どもに障がいがあるとわかったとき、妻は子育てに専念するために専業主婦になりました。しかし、1年ほどで仕事に復帰し、以後は夫婦ともに正社員として働いています。

まわりにいた同じ境遇の親たちの多くは、子どもに関わる時間を確保するためにパートタイムを選択していました。それでも私たちが**共働きを続けたのは、子どもと過ごす時間が減ることを差し引いても、メリットのほうが大きい**と感じていたからです。

夫婦二人で仕事をすると、どちらか一方が働くのと比べて収入が2倍になります。**とてもシンプルなことですが、経済的な余裕は心のゆとりにつながります。**

片親だけが働く選択には、子どもに関わる時間が増えるメリットがある反面、経済的なリスクもあります。働く夫に病気などの不測の事態が起こり、働けなくなると、生活が苦しくなるからです。

子どもが健常であれば、妻が働けばいいという話で済むかもしれません。しかし、子どもに障がいがあると少し話は変わります。妻が働くためには、身のまわりのことが自分でできない子どもを家で一人過ごさせるか、仕事のスケジュールに合わせて子どもを預かってくれるサービスを探さなければいけないからです。子どもにとって、このような変化に適応することは負担になるかもしれません。

子どもが幼い頃から共働きをベースにした生活をしていると、子どもは親と離れて過ごすことに慣れていて、それを前提とした生活の仕組みもでき上がっていきます。親のイレギュラーな出来事にも対応しやすく、長い目で見れば、子どもの安心感を確保することになります。

子どもの同級生には、親の病気や離婚などで生活の変更を余儀なくされる子もいました。そういうことは、いつ自分の身に降りかかってきてもおかしくありません。ある程度の備えは必要です。

また、夫婦がともに仕事をすることは、子育てへのメリットもあります。仕事に集中しているときは、一時的に意識が子どものことから離れていきます。どんなに子どものことで悩んでいても、そのときは忘れていられるので、**子育てに対して適切な心理的距離がとりやすくなる**のです。

共働きだと、このようなメリハリを夫婦の両方が享受できます。そうすると、仕事か

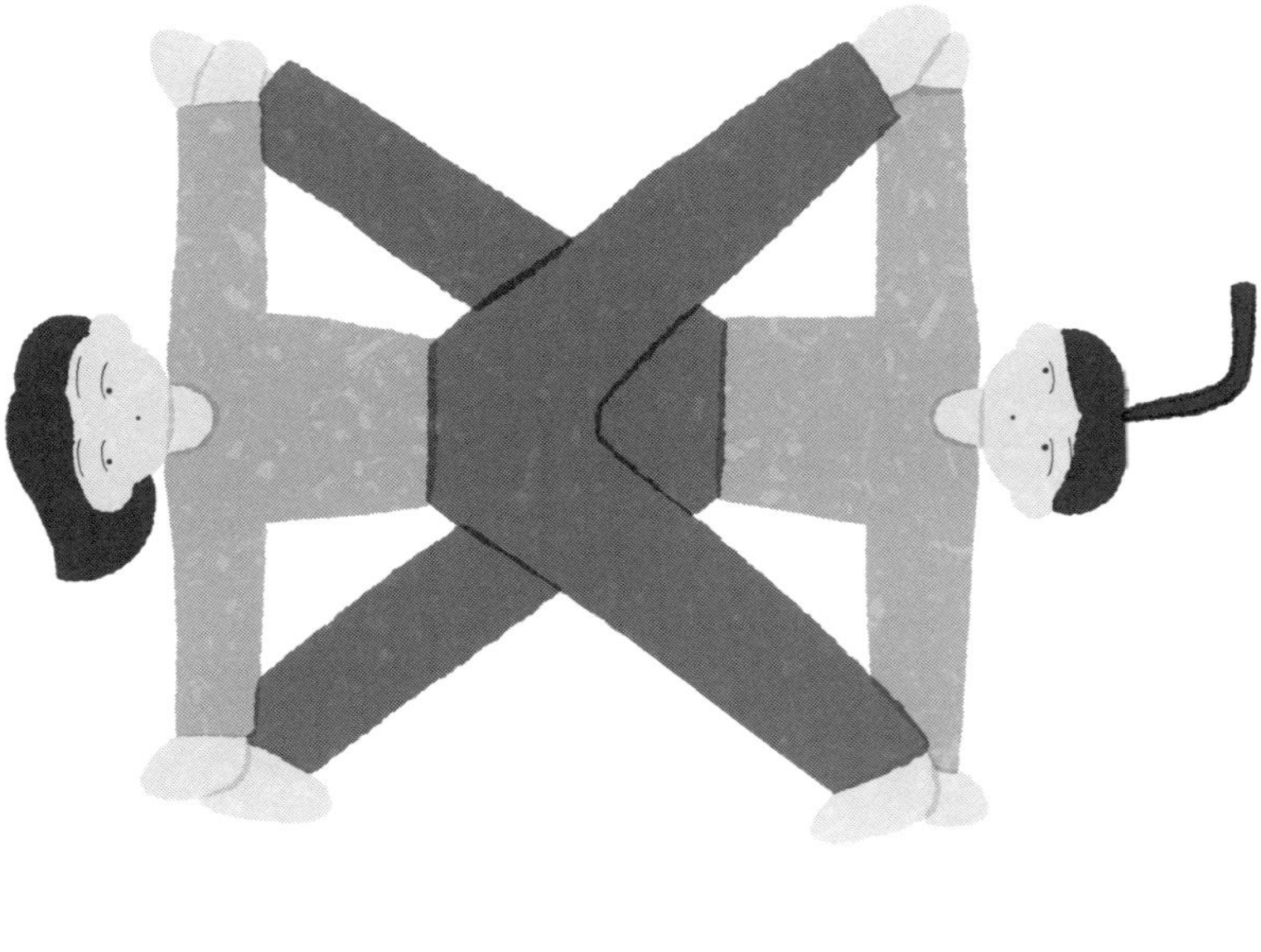

ら帰宅して家族全員が顔をそろえて過ごす時間が、より一層大切なものに感じられるのです。

専業主婦だと子どもと過ごす時間は長いため、1日の中で子どものことが頭の中にある時間は増えます。仕事をしている人と比べると、子育てとの心理的距離を置くことは少し難しくなるでしょう。

専業主婦とフルタイム勤務の両方を経験している妻は、後者のほうが気持ちはラクだと言っていました。仕事と子育てのどちらかがうまくいかなくても、もう一方がうまくいっていれば変に落ち込まなくても済むのだそうです。

仕事をすることで親の役割から解放される時間は、「ズームアウトした視点」をもたらします。**さまざまな問題は、その渦中にいると、解決することが難しくなります。解決の糸口は、問題から離れたところから全体を見渡し、俯瞰で考えることにあります。**

子どもを目の前にしながら、子育てのことを客観的に考えようとしても、なかなかいい解決案は思いつきません。仕事の合間に子どものことに思いを巡らせたとき、悩みや課題に対しても冷静に考え、妥当な判断がしやすくなるのです。

私は仕事をしているとき、息子に対する自分の言動をふと思い出しては「あれはまずかったな……」と反省することが少なくありませんでした。

仕事をすることは、子育てに客観的な視点を持ち込む機会にもなるのです。

point13

> 共働きは親の経済的、心理的リスクを低くする。

提案

14

子育てと
親亡きあとの
ために「家計」を
見直す

家計の安定を得るためには共働きがいいのですが、それができない状況もあります。管理職をしていた私が、子育ての時間を確保するためにパートになったとき、収入は激減し、家計は危機的な状況になりました。しかし、このようなことは、生活に支援が必要な子どもを育てる人には珍しくありません。

少ない収入で生活を成り立たせるための知恵があれば、子育ても少しラクになります。私は専門家ではありませんが、実際に主夫として家計に向き合った経験から、少しお話しします。

子育てのために収入が減る状況を乗り切るためには、キャッシュフローをもとに家計を見直していきます。キャッシュフローとはお金の流れのことです。収入と支出のバランスの変動を、時間の経過で見ていくことで、将来の家計の状態をある程度予測することができます。

毎月の収入から支出を差し引いたときに、ある程度のお金が残り、将来的にきちんと積み上がっていくようであれば、それほど神経質にならなくてもいいでしょう。

しかし、子どもから離れられないなどの理由で、仕事を減らしたり辞めたりして収入が減る場合、減収によるキャッシュフローの変化を確認する必要があります。

支出が収入を上回り、毎月の赤字額が増えていくようであれば、支出が収入の範囲内に収まるように調整していかなければなりません。とはいえ、今の支出を把握することは、それだけでも手間がかかります。

子育てをしながら、家計を見直すことにかけられる労力には限度があるので、ここでは私が行ってきた最低限のことをお話しします。


家計の支出には「固定費」と「変動費」があります。

「固定費」は、支払いの金額が毎月定額か、定額に近いもの。住居費、水道光熱費、通信費、保険料などです。「変動費」は、支払いの金額がその月ごとで変わるもの。食費やレジャー費などです。

家計の見直しは「固定費」から始めます。クレジットカードの履歴や銀行の通帳で内容が把握しやすく、概算もしやすいからです。一方で「変動費」は把握するのに手間がかかる上に、食費やレジャー費を削ることには精神的な負担が伴います。ですから、余

裕があるときに手をつけるのがいいでしょう。

「固定費」を見直すポイントは、年額で見ることです。

お金のことを考えるときは、先入観による誤差を考慮する必要があります。同じ金額でも表現の仕方が「1日100円」「1カ月3100円」「1年3万6500円」では捉え方が変わります。1日で考えると割安に、1年で考えると割高に感じるのです。

堅実なキャッシュフローを構築していくためには、長めの期間で見たほうが客観的な判断がしやすくなります。ですから年額で考えたほうがいいのです。

「固定費」には、教育費や居住費が含まれているのですが、教育費は子どもの成長に影響がありますし、居住費を下げるために住み替えをすることも簡単ではありません。そこで、まず検討するのは「保険料」や「通信費」になります。

「保険料」の目安は収入の5～9％と言われています。医療保険、死亡保険などの総額がこの割合を上回るなら、見直したほうがいいでしょう。

保険は共済に切り替えるだけでも安くなることがあります（リスクを踏まえた上で、家庭の状況に応じて検討してください）。また保険料は、月々の支払いよりも1年分をまとめて支払うほうが、トータルで費用を抑えられる場合もあります。

通信費の適切な家計の割合は5～6％程度と言われています。高速のインターネットは便利ですが、生活や子育てに必要な調べものができるだけで十分なら、思い切って削ったほうがいいでしょう。

スマホを大手キャリアのまま使っている場合は、格安ＳＩＭに切り替えると、出費を抑えられます。キャリアによっては障がい者を対象とした割引プランが設定されているところもあるので、子どもにスマホを持たせている場合は変更することもできます。

ちなみにＮＨＫ受信料も、1年分一括で払ったほうが安くなります。

これら「保険料」と「通信費」の合計が収入の10～15％に抑えられれば、家計の負担も少し軽くなります。

最近はサブスクリプションなど、快適で便利なサービスもたくさんありますが、年額に換算すると相当な額になるケースもあります。息抜きとして必要なものもあるとは思いますが、適正なキャッシュフローにするために、本当に必要なものかどうか、検討してみましょう。

「固定費」を見直すのと同時に、公的な補助の中に申請し忘れているものがないかも、確認します。

子どもに障がいがあると、行政から療育手帳などの補助を受けられる場合があります。ただし、補助の対象であっても、行政サイドから声がかかることはありません。こちらから申請しなければ受給できないのです。

もし、役所でどのような補助が受けられるのかについて、直接の相談をしていないのであれば、受けられる補助が見つかるかもしれません。私は、そうして申請し忘れていたものが見つかりました。

行政からの補助は市町村で異なるので、近隣の役所を直接訪ねてください。障がい者の補助制度をわかりやすくまとめたパンフレットが置いてあるところもあります。そうした資料を活用して調べてみることで、経済的な負担を減らせる可能性もあります。

家計に向き合うことは、子どもにもメリットがあります。少ない収入で生活するための課題は親だけのものではなく、親亡きあとの子どもの課題でもあるからです。

親亡きあとの子どもは、障害基礎年金や福祉就労での収入、親が残したお金で生活することになるでしょう。子どもは生活にかかる日々の支出を、それらの収入の範囲内に抑えなければいけません。

ところが、子どもは収支を管理することはできないので、**親は自分が生きている間に将来の子どもの生活にかかる収支を整理する必要があります。**そのとき、**同じようにキャッシュフローを考えることになる**でしょう。

今、家計を管理することは、親亡きあとの子どもの家計を整えることにもつながるのです。

point14

子育てをラクにするための家計の見直しは、親亡きあとにも役立つ。

第 3 章

自分で育てることを諦める

提案

15

子育ては
諦めることから
始まる

ほかの子どもより、自分の子どもはできないことが多い。保育園でそのような場面を目にするたびに、心の中で不安が大きくなっていく感覚を、今でも鮮明に覚えています。障がいがある子どもの子育てを受け入れることは、それまで、さまざまに想像していた生活を諦めることにもなります。

しかし、**諦めることはネガティブなことではありません。**それは**「現実的に叶わなくなったことに見切りをつけ、これからを考えること」**であり、**「厳しい状況の中でも大切なものを選び取っていく行為」**だからです。

諦めることで視界はクリアになります。すると、これからの親子にとって、必要なことや大切なことが見えやすくなります。

最初に諦めたほうがいいのは、「思い描いていた子育て生活」です。私が息子を授かる前に持っていた子育てのイメージは、「元気な子どもが生まれてきて、自然に育ち、自立していく」というものでした。しかし、発達障がいがある以上、自然に自立するというのは難しくなります。

昔の私は、このイメージをなかなか手放すことができず、しばらくの間、理想と現実の間を行き来するグレーな気持ちが続き、次の一歩が踏み出せませんでした。

ある日、「叶わないことをいつまでも考えていても仕方がない」と意志を持って意識を切り替えました。すると雑念は消え、息子とのこれからの生活に意識を集中できるようになったのです。

すでに支払ってしまい、取り返すことができないコストを「サンクコスト」（埋没費用）と言います。過去にこだわることもサンクコストです。取り返せないことにとらわれ、合理的な判断ができなくなることが問題なのです。

諦めるとは、過去に区切りをつけて、目の前のことに意識を向けることです。目の前の子どもに意識を集中させると、子どもの長所や伸びしろに気がつきやすくなります。すると、親も前向きになれるのです。

今をゼロとして、これからのことを自由に思い描いていいのなら、子育ての生活を歩む足取りは軽くなります。

障がいがある子の子育ては「ない状況」から「あるもの」を見つけ出す行為でもあります。諦めることは生活の中の不要な思考を消し、生活の中に「あるもの」が見えやすすくなる意識のフィルターを手に入れることなのです。

親の時間には限りがあるので、常に子どもの身のまわりのことを全部してあげられるわけではありません。それでも「してあげないといけない」という意識が強すぎると、時間は足りなくなっていきます。疲労が蓄積し、子どもの支援を続けることも難しくなるでしょう。

そんなとき、**「全部してあげることは諦めよう」**という意識の切り替えが大切になります。限られた時間の使い方を考える方向に、思考を切り替えるのです。

それは結果的に、親がリラックスするための時間を捻出したり、子どもの支援に優先順位をつけたりすることにつながります。**親の仕事は、子どもの健康状態を守るために必要な最低限のことと、成長の可能性が高くなる支援に絞られていきます。**

最後に諦めなくてはならないのは、「子どもの面倒を見続けること」です。親は子どもより先に亡くなります。「いつか子どもの面倒が見られなくなる」という視点に立つと、子どもの支援のあり方は変わります。

親亡きあとに子どもが生きていくためには、親以外の人からの支援が必要になります。

親以外の人と関わったり支援を受けたりした経験が、子どもを支えるようになるのです。それに早くから慣れておくために、子どもの頃からあえてサービスを利用するという選択も考える必要があります。

子どもの世話をすべて親がしてしまうことは、親亡きあとの子どもの生活のあり方を狭めてしまう可能性もあるのです。

子どもの面倒を見続けるのを諦めることは、子どもの将来に向き合うことでもあり、今、親がしなければならないことを考えるヒントにもなります。

point15

「前向き」に諦めると、
本当にやるべきことが見えてくる。

提案

16

子育てには
報われる努力を
する

「こんなに努力しているのに、何で言うことを聞いてくれないの？」

私は息子に、このような気持ちを抱いた時期がありました。我慢の限界を超え、大声で叱り、泣かれたこともあります。

しかし、叱ったところで子どもの行動が変わるわけもなく、私の気持ちが晴れるわけでもありません。むしろ子育てへの不安が募って、罪悪感や自己嫌悪が膨らむばかりでした。

脳科学者の中野信子さんは著書の中で、**「努力は人間をダメにすることがある」**と述べています。

「努力」を、時間をかけたり自分に負担をかけることだと思っている人は「努力は報われる」という考えを持ちやすいそうです。

そうして我慢の限界を超えてしまうと「自分はこれだけしたんだから許される」という言い訳を脳が無意識にしてしまい、ハメを外してしまう。「がんばる」というのは、自分を冷静に見つめる目を失わせることだとも。

「子どものためにがんばっているのだから、大声で叱るのはしょうがない。親の努力に報いるために、子どもはその期待に応えるべきだ」

そんな気持ちが心の片隅にあったことを、今は否定できません。私は**子育ての苦労を、努力していることと勘違いしていた**のです。

当時はやみくもに息子の求めに応じ、遊び相手になったり好きな場所に連れて行ったりしました。自分のことを後回しにしてでも、子どもの要望に100％応えようと努力していたのです。

その行動によって、一時的な息子の満足や生活の平穏は得られるのですが、状況自体は変わりません。

それでもまだ、「子どもに尽くしている自分は正しい、いつか報われるはずだ」と思い込んでいました。

中野さんは努力について、**「苦労すること＝努力ではない」**と述べています。

真の努力とは、成果を生み出すために必要な①目的を設定する、②戦略を立てる、③実行する、というプロセスを踏むこと。

目的と、それを達成するための戦略を立て、タスクを一つひとつ処理していくことが

本来の「報われる努力」だと言います。

私はこの言葉に出合い、初めて子育ての目的について考えました。それは「息子が、人の助けを借りながら、なるべく自立した生活を送り、自分がいなくなったあとも幸せに暮らせるようになる」というものでした。

障がいがある子どもの子育ては、手間がかかる上に成長への手助けも必要です。すると親も「がんばるモード」になってしまいがちです。それは子どもに対する愛情の表れである反面、冷静さを失わせ、私のように子どもに能力を超えた見返りを期待してしまうことにもなります。

「自分は犠牲になっている」という感覚を持ったまま、子育てに対して努力することは「報われない努力」になってしまいます。

そうならないためには、子育ての努力は「やりたいからやっている」という気持ちの範囲に留めること、自分なりの子育てに対する目的や戦略を立てることが必要です。子どもが育ってほしい方向性をおおまかに定め、そこに近づくためのタスクを一つずつクリアしていくのです。

先が見えない子育てでは「がんばる」という意識を手放し、報われる努力をしていくことが、日々の充実につながるのです。

point16

子育ての戦略を立て、報われる努力をする。

提案

17

子どもは社会に
育ててもらう

一般的な子育ては、子どもが社会的・経済的に自立することを目標とします。
ところが、将来の自立が見込めそうにない子どもの場合は少し変わってきます。子育ての延長に「親亡きあとの備え」があるからです。そして、そのことに思いを馳せない親はいないでしょう。

子どもが親亡きあとの世界を生きていくためには、できることは自分で行い、**できないことは誰かに助けてもらわなければなりません。**そこでは**「ほかの人に助けを求める」スキルが必要**になります。

しかし、知的障がいがある子どもが他者に助けを求めるためのコミュニケーションスキルを習得することは、一朝一夕にはできません。

その準備となるのは、**発達が促進される成長期から家族以外の人との接点を持ち、支援を受ける経験を積む**ことです。

成長の過程から「自分のことをよく知らない相手に困っていることを伝える」というシチュエーションで試行錯誤することは、子どものコミュニケーションスキルを効率的に向上させる可能性があります。

療育やリハビリテーションでは、発達促進の観点から、子どもにとって少し難しい課題に取り組む機会が設けられます。一人では解決が難しい課題について、ほかの人に相談したり、助けを求めたりする経験を積むことができるのです。

しかし、その貴重な機会も大人になるとなくなります。公的な発達支援のサポートは高校を卒業すると終了するからです。人の助けを借りる練習をするための最適な時期は、子ども時代なのです。

子どもに障がいがあると、親は「自分が責任を持って育てなければいけない」という意識が強くなります。しかし、一人でがんばりすぎると、子どもがほかの人との関わりの中で学ぶ経験は少なくなってしまいます。

子どものためを思うなら、むしろ**「社会に育ててもらう」という意識を持ったほうがいい**でしょう。

成長段階で、さまざまな場所で人に支えられて育った子どもは、他者を信頼することや人に頼ることを学びます。

もちろん、関わってくれるのが優しい人とは限りませんが、それも含めて頼れる人を見分けるための経験値となります。
親がいない世界で生きる子どもを想像するのは、不安が伴います。しかし、何が子どものためになるのかを考える上では、重要な手がかりになるのです。

point17

子どもは地域のつながりの中で育てる。

提案

18

子どもが
幼いときは
人の中で育てる

私には、息子との距離をはかりかねていた時期がありました。

息子は気に食わないことがあると我慢できず泣き叫ぶので、離れる時間がほしいのですが、一人では何もできないために、そばにいなければいけません。なついてくれている息子がかわいいと思いつつ、マイペースな行動に付き合い続けることに限界を感じ、息が詰まりかけていたのです。

ただ、子育ての環境には恵まれていました。友人や職場の人たちは、家に遊びにきてくれたり、私たち親子を外食やキャンプに連れ出してくれたりしました。保育園の先生方は、子どものよいところを見つけては積極的に声をかけてくださったのです。

もし親子だけで過ごしていたら、息子への愛情と苛立ちのはざまで関係性は歪み、私の心は押しつぶされていたでしょう。まわりの人たちが私たち親子の間に入り、とり持ってくれたから、親子の関係性が維持できたのです。

この経験から、**子育ては家族の中だけではなく、いろいろな人を巻き込んでいくほうがいい**と考えるようになりました。

日々の子育てに、家族以外の人が入ることには、多くのメリットがあります。

子どもが親以外の大人と話すとき、家族に対してだと、見られない表現や振る舞いをすることがあります。子どものコミュニケーションの取り方は、相手によっても変わります。そのため、普段は見られない子どもの一面を知る機会になります。

家族以外の人のコミュニケーションの取り方も親とは異なるので、子どもの反応や理解の仕方も変わります。ときには**親よりも、子どものやる気や素直な反応を引き出す場面に出合います。**その様子を見ることは、子どもへの接し方の参考になります。

まわりの大人は、家族とは違う目線で子どもを見るので、**親が気づいていない、子どもの長所や成長した部分を教えてもらうこともあります。**そのことで私は子どものことを見直し、子育ての勇気をもらいました。

また子どもにとっても、さまざまなメリットがあります。

当時の息子は会話が稚拙で、相手が大人であっても意思疎通をはかることは容易ではありませんでした。にもかかわらず、成長した今は気に入った人に自分から話しかけるようになりました。

それは、たとえ意思疎通が思うようにいかなくても、**他人と時間や場を共有するだけ**

でも満ち足りた気分になるという体験を、子どもの頃から積んでいるからだと思います。

就学後の子どもには、たくさんの生徒や先生と過ごす生活が待っています。幼い頃から他人と過ごすことに慣れていないと、学校生活に馴染むのに苦労するかもしれません。慣れていると、就学後も一時預かりのサービスを利用しやすくなります。中には療育に力を入れている事業所もあるので、子どもの発達を促しながら親の負担を軽くすることにもつながります。

子育てに、ほかの人を巻き込んだほうがいいと言われても、親自身が人と関わることが苦手な場合もあります。じつは、私もかなりの人見知りです。それでも、子どもの障がいを知った人からの気づかいや声かけに、なるべく甘えるようにしていました。

自分から声をかけるのは勇気がいります。人見知りの人は肩の力を抜いて、声をかけてくれる人に、少しずつ自分のことを話してみるところから始めるといいでしょう。

point18

親以外の人との関わりは、
子どものコミュニケーションの引き出しを増やす。

提案

19

子どもの教育は人にまかせる

小学6年生の頃の息子は、家から徒歩5分のところにある小学校への登下校が一人でできませんでした。ところが中学校は家から20分もかかります。

このまま地元の中学校に進学するか、一人での登下校が無理なら、支援学校に進学するのか。進路が不透明だったこの時期、私は子どもに関わる時間を増やしたいと思い、管理職を降りて2年間の期限付きでパートになりました。

作業療法士としての経験があり、発達障がいについての知見も多少あったため、時間を確保してマンツーマンで関われば息子は今より成長するだろう、と確信していました。

しかし、その思惑は大失敗に終わりました。親子だからこそ感情的になってしまい、ちょっとしたことでも言い争うようになったのです。学習は進まず、息子は机に向かうだけでもイライラするようになりました。仕事や収入を大幅に減らしてまで、息子に関わる時間を確保したのに、喧嘩ばかりで何も進まない状況に、私は頭を抱えました。そんなとき、かつての同僚から言われた言葉を思い出しました。

「クロカワさんの子どもに、最高の教育をしてくれる場所はないんですか？」

この一言で、子育ての方向性を大幅に変えることになり、パートで働いていた2年間で子どもの自立度は飛躍的に向上しました。
それまで私は、「自分の子どもだから、自分が責任を持って教育しなければいけない」と思い込んでいました。しかし、親子だと遠慮がない分、ちょっとしたことで感情的になってしまいます。考えてみれば、**自宅は子どもにとって訓練の場所ではなく、くつろぎの場所**でした。家族である私や自宅は、息子の訓練的なことには向いていないと気づいたあと、教育は次のようにアウトソーシングすることにしました。

勉強：小学校と個別指導塾
宿題：個別指導塾と日中の一時支援
療育：放課後児童デイサービス（社会技能訓練）と外来リハビリ（認知機能訓練）

発達で気になることや生活場面で悩んでいることは、外来リハビリの言語聴覚士の先生に相談しました。そこでもらったアドバイスは学校や塾の先生、福祉系サービスの人にも伝えます。子どもの発達に必要な情報を共有するためです。

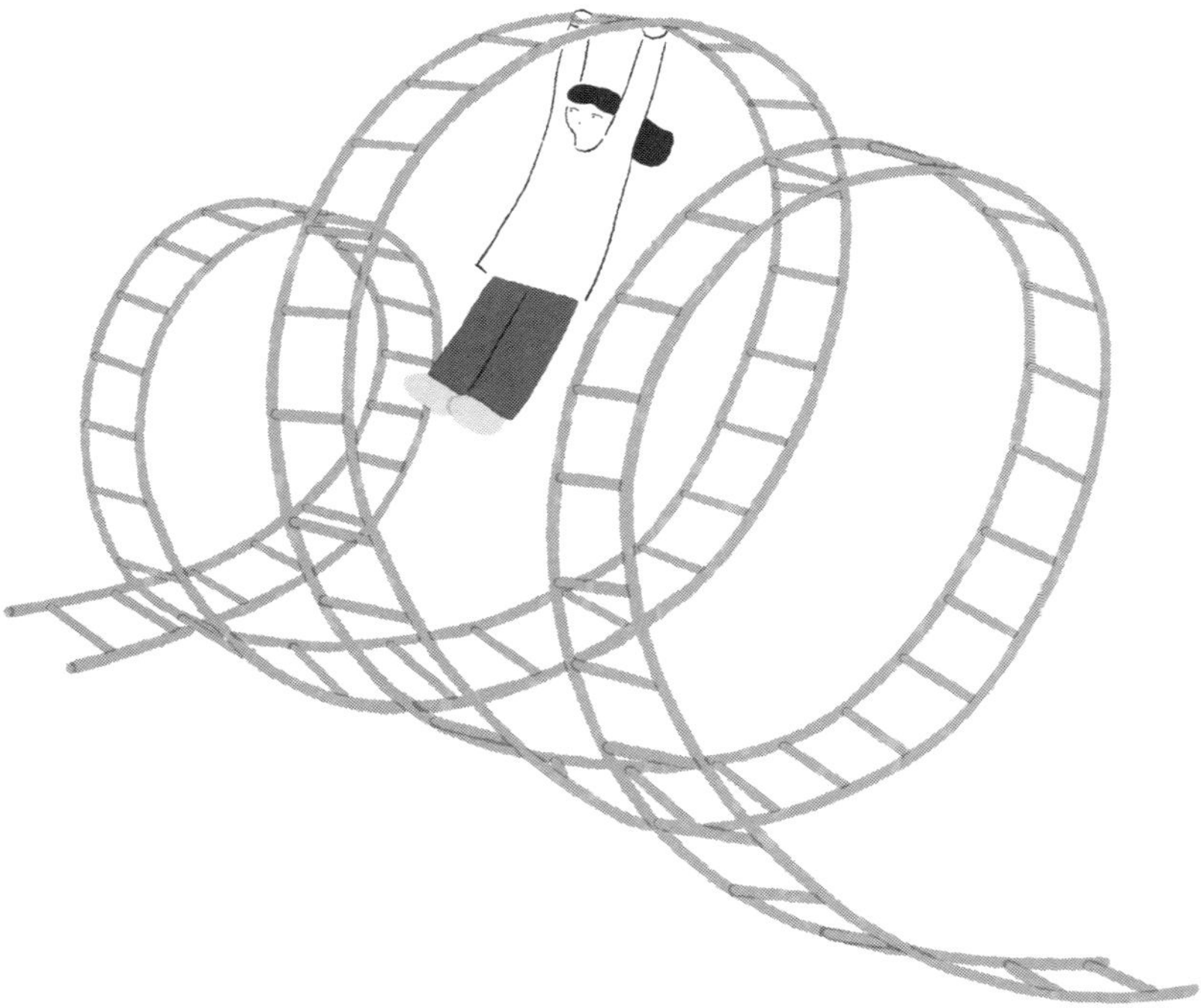

アウトソーシング先には、おおまかな療育の方向性を伝えた上で「ほかの部分はそれぞれのサービスにお願いしているから、ここの部分だけは、そちらでお願いします」というように伝えました。方向性を共有した上で、各サービスの役割を意識してもらいたかったのです。外来リハビリで定期的にする発達検査は、結果だけでなく、それを踏まえた学習や対応の方法まで教えてもらいました。その内容を私が紙面にまとめ、各サービスの人に説明を添えて渡すようにしました。

アウトソーシングで療育を行いながら、私はセルフケア（食事や排泄、入浴など）や外出の練習など、親だけができることに注力しました。一緒にお風呂に入って頭を洗う練習や、信号や車に注意しながら一緒に買い物に行く練習もしました。

そうこうしているうちに、パートの2年間はあっという間に終了しました。小学校の登下校もできなかった息子は、常勤復帰する頃には、一人で自転車に乗って買い物に行けるようになっていました。悩んでいた進路も、地元の中学校に決まったのです。

常勤復帰したあと、私が息子に関わることができる時間は再び減りました。ただ、それよりも前から教育全般をアウトソーシングしていたため、息子の学習の時間は減りません。息子はその後も放課後児童デイや個人指導塾で学習に励み、希望していた高等特別支援学校に進学しました。

教育は、親亡きあとの生活に必要な能力を身につけるためのものでもあります。親がいない状況で発揮できる能力を育てるのに適した方法は、**「成長過程から、親がいない状況で学習や経験を積み重ねる」**ことだと思います。

教育のアウトソーシングは、親のいない状況で、子どもがまわりの人の手を借りながら活動に取り組む経験を重ねます。息子が今働いている就労継続支援事業所では、親が仕事に口出しすることはできません。そこで何かあったとしても、事業所と本人とのやり取りで、いろいろなことが決まっていきます。

成長した子どもは、親がいないところで、自分で考えて判断しなければならなくなります。教育のアウトソーシングは、その状況に備えるための手段にもなるのです。

point19

「親だけができること」以外はアウトソーシングする。

第4章

子育てに「ゆとり」をつくる

提案

20

親のために「ゆとり」をつくる

障がいがある子どもを育てる親は、自分自身のことに目を向けたほうがいいと思っています。子育て、家事、仕事に追われていると、自分を大切にする意識が希薄になり、心のゆとりがなくなっていることに気がつきにくくなるからです。

多忙な親が心のゆとりを持つためには、心構えが必要になります。

例えば、**子育ては親にしかできないことだけをする**ということ。仕事が休みだったり時間に余裕があったりするときに、子どもの保育園や一時預かりのサービスを休ませる人もいます。子どもと一緒に過ごしたい、という純粋な気持ちでそうしているならいいのですが、義務感でしている場合は、少し負担になっているかもしれません。

障がいがある子の子育てには、うまくいかないことや突発的なトラブルが付きものです。日頃から子育てに全力で取り組んでいると、イレギュラーなことが起きたときに、対応するエネルギーが足りなくなってしまいます。

子育ては常に6割程度のエネルギーに抑え、突然のトラブルが起きたときにも余裕を持って対応できるようにしておくことが、心のゆとりにつながります。そのために、普段から**自分でなくてもいいことは、人にまかせてもいい、**という心構えが大切です。

障がいがある子を育てていると、定期の受診や療育への送り迎え、休日の公園などで、外出のほとんどが子どもの用事になることもあります。外出は気晴らしになるのですが、子どもの用事ばかりだと、さすがに気が滅入ってしまいます。

そこでおすすめなのが、**子どもの用事で外出するときは、自分へのご褒美も必ずセットにする**ことです。私は休日に息子を公園に連れて行くときは、お気に入りのベーカリーでパンを買い、持参したコーヒーと一緒に公園で食べることを習慣にしていました。自分の時間が確保しにくいとき、子どもの用事と自分へのご褒美をセットにするだけでも、一日が終わったときの気分はよくなります。

日々のスケジュールの調整をするとき、子どもの予定を優先してばかりで、自分の予定を後回しにしてしまうことも、ゆとりが少なくなる原因になります。そうならないように、**ちょっとした自分の予定やご褒美を、子どもの予定より先にスケジュールに入れ込んでしまう**方法もあります。

「この日、この時間は特に予定はないけれど、自分の自由時間としてとっておこう」

という曖昧な予定でもかまいません。**自分のための時間を予定に組み込んでおくだけ**

で、気持ちが少しラクになります。

一人旅が好きな私は、何カ月も前からホテルを予約して、自分へのご褒美をスケジュールに入れ込んでいました。楽しみとはいえ疲れていると、旅のスケジュールを考えたり出かけたりすることが億劫《おっくう》になります。そうならないよう、ゆとりがあるうちに予定を決めておき、自分の気持ちが前向きになるように仕向けていました。

ときには一人で考えたり、あるいは何も考えなかったりする空白の時間も、子どもの行事と同等にスケジューリングしていました。子育てや仕事での悩みが多いとき、私には空白の時間も必要だったのです。振り返ってみても、そうしておいてよかったと思っています。

point20

子育ては6割の力に抑え、
自分へのご褒美も忘れない。

提案

21

子育てのために「心の余裕」をつくる

障がいがある子どもの生活を支えるために最も大切なことは、親に「心の余裕」があることです。それがあるかないかで、子どもへの愛情の伝わり方や、子育ての判断までもが変わってしまうからです。子育てにおける「心の余裕」のなさの原因は、次の2つに分けて考えることができます。

①わからないことに対する不安

障がいがある子どもは、正常発達とは異なる形で成長するので、どのような方向に育っていくのかわかりません。

子どもの言動に気になることがあっても、その理由を理解し、適切な対応の方法を見つけることは簡単ではありません。「こうなのかな?」と見当をつけて試行錯誤し、ようやくその言動の理由や対応の方法が見つかったりします。

また、試行錯誤しても、解決と言えるほどの対応方法が見つからないこともあります。子どものことがわからない状況は、それが部分的なものであっても、親には混乱や葛藤が生じ、「心の余裕」が少なくなります。

また子どもに障がいがあると、将来の予測が立たないことが日常になるので、常にある程度の不安は存在します。そのこともまた、「心の余裕」を感じにくくさせます。

そこで、**子どもの障がいについて知識を深めると、その言動の理由を推察しやすくなります。**戸惑うことが減るため、不安も少し軽くなります。そのための主な方法は、**本を読んだり専門家に相談したりする**ことですが、同じ境遇の人に話を聞いてみることもできます。

ほかの子どもの様子や親の苦労を知ると、自分の子育てや子どもへの見方は変わります。また年上の子どもを育てるお母さんから話を聞くことで、子どものこれからをイメージしやすくなることもあります。自分に合った、負担の少ない方法を見つけてみるといいでしょう。

②タスクの多さによる疲労

親は、多くの家事をこなさなければいけません。そのため家事をしながら、目が離せない子どもにも気を配ることになります。このように2つ以上のことを同時に取り組む

ことを、デュアルタスクと言います。

この状況では家事に集中しにくく、子どもが物を壊したり怪我をしたりすると、ストップしてしまいます。デュアルタスクは質を高めることに向いておらず、不測の事態に弱いという特徴があります。そして、このような日常が続くことで「心の余裕」は得にくくなります。

家事のタスクが多いことから生じる負担を減らすために、**家事のタスク数を減らして、質を下げる工夫が必要になります。**

同じ状況下に置かれた私はまず、断捨離をしました。物が多いと、片付けや掃除の手間が増えてしまうからです。

次に、家事を最小の手数で最低限にするための方法を考えました。

例えば、掃除は週に1回だけ。週末の外出時に、床のものを全部上げてロボット掃除機をかけ、帰宅時にワイパーをかける。それ以上はしないと決めました。

料理の効率化も徹底しました。夕食のメニューは考える手間を省くために、メインのおかずの味付けを醤油→味噌→塩→トマトベースのルーティンにし、週末はカレーかシチュ一と決めました。

とにかく**家事の「下げしろ」に目を向けて、手を抜けるところは抜く。家事よりも、疲れた状態で子どもと接するのを避けることを優先したのです。**

1日にこなせるタスクの量は決まっています。「心の余裕」を確保するために、自分に合った手の抜き方を探してみるといいでしょう。

point21

心の余裕は、
障がいの知識と家事の手抜きでつくり出す。

提案

22

「親の我慢」は子どものためにならない

障がいがある子どもの子育てには、手がかかります。そのために、自分のやりたかった仕事や趣味、友人との交流を我慢している人もいるのではないでしょうか。

しかし、子育てのために自分のやりたいことを我慢することに、あまりメリットはありません。我慢することは、子どもとのコミュニケーションにマイナスの影響があるからです。

親が我慢すると、子どもにどのような影響があるのか。私自身に起こったことを例にあげて考えていきます。

①子どもに優しくなれない

我慢をしていると、我慢すること自体にエネルギーが費やされ、心にゆとりが持てなくなります。

子どもが言うことを聞いてくれないのは、言葉や人の気持ちが理解できないから。食べものや飲みものをこぼしてしまうのは、不器用だから。そう頭ではわかっていても、心にゆとりがないと、イライラして口調もキツくなってしまいます。

人の我慢には限界があります。もし限界を超えると、感情のコントロールが利きにくくなり、そのはけ口は自然に子どもへと向かいます。

自分が我慢していることに気づけなかった私は、何度かこの過ちを犯しました。大声で息子を叱ると、彼は怒られていることはわかるのですが、その理由は理解できません。結果、親子の関係に隔たりが生じることがしばしばありました。こうなると、子育ては滞ります。

②我慢していることが子どもに伝わる

言葉の発達が遅れていても、非言語コミュニケーションの理解はいい場合があります。見た目にはそう見えなくても、**子どもは親の不機嫌な表情や振る舞いを意外とよく見ています。**

私の息子は、言語発達は遅れていましたが、親のイライラした気持ちを感じ取ることができました。感情が漏れ出たとき、息子は私の気持ちを察して「怒っているの？」と声をかけてきたり、息子が言いたいことを我慢させたりすることがありました。不要な

気づかいをさせて申し訳なく思っています。

自分の子ども時代を振り返ったとき、疲れていたり不機嫌だったりする親の様子を見て「自分のせいなのではないか」と感じたことはないでしょうか。**我慢する親のもとで過ごす子どもは、自分が迷惑をかけていることを感じ取ってしまうことがあります。そう認識してしまうと、自信を持つことが難しくなるでしょう。**

息子は今でも、やりたいことがあるときに、「やってもいい？（迷惑じゃない？　この判断は間違っていない？）」と頻繁に口にするようになってしまいました。

③子どもが我慢をよいことだと認識してしまう

子どもにとって親は大人の身近なモデルです。ですから、親がいつも我慢していると**「我慢することはよいこと」だという価値観に染まる恐れがあります。**

息子は、友人や家族と意見が合わないとき、自分の意見を抑えようとする節があります。もっと自分を出したほうがいいのにと、そばにいてヤキモキします。しかし、そういう行動原理を刷り込んだのは、私なのかもしれません。

親が亡くなったあとのことを考えたとき、子どもが自分の力ではできないことに直面した際に「人に助けを求める」ことが必要になります。「我慢はよいこと」という認識が強いと、人に手を借りたい気持ちにブレーキがかかり、必要な支援が受けられないことにもなりかねません。

このように、親が我慢を続けていると子育てにマイナスの影響があり、かといって親のやりたいことに偏りすぎると子育ては滞ります。

日常で子どもと自分のどちらを優先するのか迷ったときには、そのときの自分のコンディションが判断の基準になります。子育てにかかりきりで心のバランスが崩れていると感じたら、それは自分を優先すべきサインです。

子どもの成長を促すことと親が自分らしく過ごすことは、方向性が異なるように見えますが、長い目で見ればそのベクトルは同じです。**子どもの成長のためには、自分のコンディションを整える必要があり、そのためには、ある程度自分のやりたいことにも取り組む必要がある**からです。そう考えると、少し心によりどころができます。

「子どものためにがんばる親の姿は美しい」という風潮もありますが、これから子育てをしていく人に伝えたいのは、常に「子どものこと」と「自分のこと」の両立を意識したほうがいいということです。やりたいことがあるのなら、福祉サービスや家族の支援を受けながら、まずは取り組んでみることです。

子どもと過ごす時間が短くなることで、愛情が伝わりにくくなったり、理不尽な思いをさせたりするのではないか、と不安を感じる人がいるかもしれません。**そこで考えてみてほしいのは、自分の子どもは不機嫌な大人と長い時間一緒に過ごしたいと思うだろうか、ということ**です。

愛情や信頼は、一緒に過ごす時間の質でも決まります。過ごす時間が短くても、穏やかな表情で接してくれる親のもとで育つ子どもは、安心感を持って育つはずです。

子どものためにも、親が自分の機嫌に責任を持つことが大切なのです。

point22

親の我慢は
子どもの成長を妨げることにもなる。

提案

23

「子どものこだわり」と「親の生活」を調整する

自閉症などの子どもの中には「こだわり」を持つ子がいます。生活場面の些細な変化にも落ち着かなくなることがあり、親は日常生活への支障が少なくなるように配慮することになります。

私の息子には、いくつかのこだわりがありました。困ったのは、決まったタイミングで行きたい場所に連れて行かないと怒ることです。保育園の帰りは消防署、休日は書店へ行かないと気が済まず、消防署は30~40分、書店は1時間滞在しなければなりません。イレギュラーな出来事が起きても、子どもは容赦してくれません。親の都合を理解してくれないので喧嘩になり、お互いにイライラした時間を過ごすことがたくさんありました。

そこで気づいたのは、子どもは予定外のことに出くわすと感情のコントロールが利かなくなるということです。消防署や書店に行くことが心の安定をはかるための習慣になっていて、できなくなることを損失だと感じているのです。

予定外のことが許せないというのは、**見方を変えるとルーティンへのこだわりがあるとも言えます。**イレギュラーなことは仕方ないにしても、息子が納得できて、親にとっても都合がいいルーティンに近づけないかと考えました。

まずは「保育園帰りの消防署問題」。行くことは前提なので、滞在時間を短くすべく、落とし所を試しました。

消防署に到着した時点で「〇分たったら家で夕ご飯を食べるよ」と伝えるようにします。次の行動のタイミングをあらかじめ伝え、受け入れやすくするためです。あえて「帰る」とは言わずに「ご飯を食べる」という言葉に置き替え、予定を切り上げるのではなく、次の楽しみに変わるように印象づけました。損失を感じにくくするためです。すると、消防署の滞在時間は短くなっていき、怒ることが少なくなりました。

「休日の書店問題」は、日用品の買い出し先を近所のスーパーから書店があるショッピングモールに変更して、毎週末行くようにしました。どうせ行くのなら、親の用事も兼ねたのです。

このとき、言語聴覚士の先生からすすめられたキッズ携帯を導入することで、ショッピングモール内でも親子が別々に行動できるようになりました。子どもが興味のある店を覗いている間に、私はファストフード店でコーヒーを飲みながらゆっくりするのです。

ほかにも考えました。私たち夫婦の**仕事や家事の都合に合わせて食事や起床・就寝の時間を定め、毎日を同じリズムで過ごす**ようにしたのです。

複数の一時預かりサービスと契約し、子どもと相性がいい事業所は、少し多めに利用するようにしました。それが人との交流が好きな息子にとっての楽しみになり、子どもにとっては外出の、親にとっては余暇のルーティンとなりました。

このようなことに取り組むうちに子どもは成長し、配慮すべき「こだわり」はなくなっていきました。

子どもの「こだわり」は変えられないので、親の生活ペースと子どもの「こだわり」がバランスよく重なり合う生活に調整していくことが大切です。

また、子どものこだわりの取り扱いには、専門家のアドバイスが欠かせません。ストレスを感じているときは一人で考え込まず、相談したほうがいいでしょう。

point23

親子がお互いに納得できるルーティンを考えてみる。

提案

24

子育ての
ストレスを
マネジメントする

子どもに障がいがあると、親は子育てのストレスを感じやすくなります。多くの場合、ストレスの原因は子どもの障がいにあります。そのため、完全に解消することは難しく、付き合い方を考えていく必要があります。そこで大切なのがセルフマネジメントです。

セルフマネジメントの基本は、ストレスが自分の許容量を超えないように日常的に予防すること。それでも超えそうなときは、早めにストレス対処行動をとることです。

子育てをしていると、そのときの状況によって気分転換の方法も限られてきます。ですから、**ストレスに対処する方法は複数準備しておいたほうがいい**でしょう。

ストレスをマネジメントする方法には「ストレスを予防する習慣」と「ストレスを解消する行動」があります。

「予防」は日常的にストレスが溜まらないようにする習慣、「解消」は溜まったストレスを軽くする行動です。具体的には、次のようなことです。

- ストレスを予防する習慣：アンガーマネジメント、コーピング、コミットメント
- ストレスを解消する行動：マインドフルネス、散歩、体を動かす、家から離れて過ごす

ストレスを予防する習慣

●アンガーマネジメント

アンガーマネジメントとは、怒りの感情を上手に管理して付き合う技術です。その中で、子どもの行動に怒りを感じてぶつけてしまいそうなとき、取り入れたいのが「6秒ルール」です。

怒りの感情は6秒経てばピークを越えると言われています。怒りを感じたとき、6秒間だけ我慢すると、一時的に怒りは静まります。怒ることが少なくなれば、それだけストレスも溜まりにくくなります。

子育てに怒りの感情は付きものなので、一度はアンガーマネジメントの本を読んでおくことをおすすめします。これを理解することで子育てへの向き合い方や、負担の感じ方は変わります。

●コーピング

コーピングには「対処する」という意味があります。**避けられないストレスには、対処する行動をあらかじめ準備しておく、**というのがその考え方になります。

方法は、コーピングリストを作成して、その内容を生活の中になるべく多く取り入れるというものです。

コーピングリストには、気分転換になりそうな行動を、箇条書きにしていきます。特別な行動だけでなく、日常でのちょっと気分がよくなることでかまいません。「旅行に行く」「スポーツをする」から、「深呼吸をする」「空を見上げる」「コーヒーの香りを嗅ぐ」などの些細なことまで、なるべくたくさん書いていきます。

あるテレビ番組で、宇宙飛行士の古川聡さんが、宇宙で活動するために作成したコーピングリストを公開していました。その項目数は40を超えていたように記憶しています。宇宙という過酷な環境でのミッションには強いストレスが伴います。そのため、コーピングリストの数もそれだけ必要だったのだそうです。

毎日の生活の中に、気分転換になる行動をたくさん取り入れることで、ストレスは溜

まりにくくなります。コーピングリストを作成したら、なるべく多くの行動を生活に取り入れていきましょう。

●コミットメント

気分転換が必要だと自覚していても、行動に移そうとすると疲れて動けなかったり、面倒になったりしてしまうことがあります。そんなとき、スマホいじりや暴飲暴食などの手軽だけど不健康な行動をとってしまいがちです。その時間だけは心地よくても、すぐに気分は戻ってしまい、ストレスは解消されません。

大切なのは、**疲れる前のまだ元気で適切な判断ができるうちに、健全な気晴らしになる行動をスケジュールに入れてしまう**ことです。旅行が気晴らしになるのなら、なるべく早めに宿を予約してしまう。おしゃべりが気晴らしになるのなら、先に友人とランチの約束をしてしまう。そうすることで、気晴らしの行動が先送りにならないように確約できます。

このように、自分の行動を事前に決めてしまい、選択肢をなくして行動をコントロールすることをコミットメントと言います。

避けられないストレスには、解消するスケジュールも事前に入れ込んでおくことが大切です。最低でも月に1回は、楽しみなイベントをコミットメントしておきましょう。

ストレスを解消する行動

●マインドフルネス

マインドフルネスとは、「今ここにある」という意識に集中する行為です。自分の身体感覚を意識することで、ネガティブな感情にとらわれている意識を体に取り戻し、心を落ち着かせます。

その簡単な方法は次のとおりです。

①椅子に腰かけて両足を床につけ、背筋を軽く伸ばす。

②両目を閉じてゆっくり呼吸する。

③３～５分、自分の呼吸に意識を集中させる。ほかのことが頭に浮かんできたら打ち消して、意識を呼吸に戻すようにする。

④ゆっくりと目をあけて心身の状態を確認する。

私はストレスに弱く、小さなイヤなことも忘れられない性格です。そこで就寝前にマインドフルネスを行って気持ちを切り替え、しっかりと眠り、翌日にネガティブな感情を持ち越さないようにしていました。

小さなストレスが積み重なると、大きなストレスになります。**マインドフルネスを生活に取り入れると、ストレスが小さいうちにリセットできます。**

●散歩（自然に触れる）

散歩して日光を浴びたり、緑が多い公園で休んだり、自然を感じられる場所で過ごすことは、ストレス緩和につながります。

そういう環境に住んでいなかったり時間が限られていたりする場合、いつもは車で行くスーパーまでの道のりを歩いてみたり、通勤の際に一駅分を歩いてみたりするだけで

もかまいません。空の色合いを確かめたり、路上の樹木の様子を少し観察したりするだけでも自然の営みを感じられ、気分が変わります。天気のいい日に、子どもと手をつないで歩けば、親子それぞれの気分転換にもなります。

私は、息子とキャンプや川遊びに行くことでストレスを解消できていた時期があるのですが、今はそういった機会がめっきりなくなって困っています。

●体を動かす

体を動かしているとき、意識は身体感覚に集中しているので、悩みごとは頭から消えます。運動後は心地よい疲れや爽快感が得られ、心身はリラックスし、ストレスも解消されます。

体を動かすと体力がつくので、疲れにくくなります。子育てには体力もいるので、心身の余裕をつくるのにもぴったりです。

運動の効果は続けることで得られるのですが、続けるのにも工夫が必要です。誰かと一緒に取り組んだり、自分にご褒美を用意したりするといいでしょう。

有酸素運動はストレス緩和に効果があると言われていますが、生活習慣病や認知症の予防にも効果があります。体力に余裕があるなら、スローペースのジョギングやインターバルトレーニングもいいでしょう。

●家から離れる

ストレスを受けている人や場所から物理的に離れることも、ストレスの軽減になります。気分は環境からも影響を受けるので、環境を変えると気分も変わります。

自宅から離れた場所で過ごす時間を持つことは、気分が変わるだけでなく、日常を俯瞰で見つめ直すことにもなります。その場所は、近所のカフェでもいいし、一人旅でもいいでしょう。

point24

自分に合ったストレス対処の方法を複数持っておく。

提案

25

つらくなったら上手に依存する

障がいがある子どもの子育てでは、自分の力だけで、心の安定をはかるのが難しいこともあります。そういうときは、一時的に誰かや何かに依存して、その場をしのぐことになります。それはスマホのゲームやYouTubeかもしれないし、親しい人に愚痴を聞いてもらうことかもしれません。

依存すること自体は悪いことではありません。子育ては、個人の気力だけで乗り越えるには期間が長すぎるからです。ゴールが見えない子育てには、何かに依存しながら感情をコントロールすることも大切です。ただ、**依存の仕方には注意が必要**です。なぜなら、特定の対象に依存しすぎてしまうと、かえってストレスが増えてしまうからです。

スマホだけに頼っていると、スマホに触れられないことがストレスになってしまいます。親しい人に愚痴をこぼすときも、その相手を限定してしまうと、愚痴を聞き続ける相手の気が滅入ってしまいます。それが続けば、相手も話をしたくなくなり、愚痴をこぼせる人を失うかもしれません。

特定の人やモノに依存してしまうと、依存心はコントロールできなくなります。依存先から期待していたものが得られなくなると、落胆も大きくなります。

大切なことは、依存先を広く薄く持つことです。そうすれば、いろいろな人やモノに、自分の弱い気持ちを、少しずつ支えてもらうことになります。依存先が増えるので、その中の一つがうまくいかなくても、落胆しなくて済みます。

私は、心の安定をはかるために、さまざまな趣味に取り組んだのですが、いちばんの支えになったのは、まわりの人たちでした。それは公私の境なく真剣に相談に乗ってくれる同僚だったり、一緒に過ごすだけで愉快な気持ちになれるパパ友だったり、元気がないときに気を利かせて外に連れ出してくれる友人でした。

引きこもりがち・落ち込みがちな自分を引き上げてくれるその人たちは、私にとってメンターでした。依存先を広く持つことで、そのような人たちとのつながりも持ちやすくなります。**いろいろなことに依存していい。そう考えることで肩の力を抜いて、子育てのために前を向ける**のです。

point25

自分を守るために、
いろいろな人やモノに少しずつ頼る。

第5章

子育てのために人間関係を築く

提案

26

就学前の子どもと「信頼関係」を築く

保育園に通っていた頃の息子は、車が迫ってきている道を渡ろうとしたり、危ないところに登ろうとしたりすることが頻繁にありました。危ないという認識がないので、私が制止しても言うことを聞いてくれません。

目が離せないのでゆっくり休むこともできず、私のメンタルは危機的な状態でした。その後、なんとか子どもと信頼関係を結び、就学や進路について、穏やかに話し合えるところまで漕ぎ着けました。

余裕がない状況では、幼い息子との信頼関係を築くために行えたのは、次の2つのことだけでした。

①子どもを抱きしめる

前出の東田直樹さん親子の講演会で、東田さんのお母さんは「抱っこ法」がとても効果があったと話されていました。

これは**子どもが落ち着かないときに抱きしめて安心させる**方法で、私もその効果を実感することになりました。幼少の息子が怒りや悲しみで感情が昂ぶっているとき、背中に腕を回して優しく抱きしめ、そのままじっとしていると、子どもの体からスッと力が抜けていくのです。

コツは、回した腕と体全体を使って接触面を広くとり、子どもの体を包み込んで軽く圧迫してあげること。抱きしめることで、子どもの意識が感情から身体感覚へ移り変わり、落ち着きを取り戻します。

私は、息子が情緒不安定になったとき、このような身体接触を重ねてきました。すると息子だけでなく自分も落ち着いて会話ができるようになり、安心感や信頼感を培うことになりました。

「抱っこ法」は息子が中学生になっても続けました。その頃の息子は甘いものに目がなかったので、イライラしているときに背中に腕を回して、「甘いものでも食べて少し落ち着こう」と声をかけると、徐々に落ち着くことができました。

② 「大切に思っているよ」と口に出して伝える

私は医療の現場で働いているので、人があっけなく亡くなってしまうことを知ってい

ます。もし自分がそうなったら、息子は親からの愛情を受けていたことを理解しないまま生きていくことになるのではないか、ということが気がかりでした。

だから息子には、幼い頃から日常的に「君は僕の宝物だ」と言葉にして伝えていました。私が急に亡くなっても、息子には「自分は誰かにとっての大切な存在だった」という記憶を残してもらいたかったのです。

月日は経ち、私はまだ元気なのですが、息子のことを大切に思っているという気持ちは伝わっているように感じています。息子は知的な遅れがありながらも日頃から家族を気づかっていて、悩んでいることも素直に相談してくるからです。

子どもは大人の行動の意味を察したり、理解したりすることができません。そのため、どれだけ大切にしていても、行動だけでは気持ちは伝わらないのです。

子どもへの思いは「言葉で伝える」ことが大切です。もし障がいのために言葉の意味が理解できなかったとしても、**「大切に思っている」と口にする親の表情や口調から発せられる、非言語メッセージは伝わります。**

言わなくてもわかるだろうと思っていることでも、それが子どもにとって愛情だと感じられることであれば、どんどん口にするほうがいい。そのときに反応が薄くても、心には響いているはずです。

幼少期から、くり返し子どもを抱きしめて「大切にしている」と伝えることは、余裕がない日々の中で心をつなぐことができる、数少ない方法なのです。

point26

体や言葉を使って、
あなたを「大切に思っている」と伝える。

提案

27

子どもの
自立のために
「親子の距離」を
とる

息子に障がいがあるとわかったとき、私は少しでも長く生きて、自分の命が尽きてしまう直前まで息子を守りたいと思いました。息子には私が必要で、私がいないと生きていけない。だから全力で尽くすべきだと。

そんな気持ちを察してか、幼少期の息子は完全にお父さん子でした。その頃の私は、子どもの気持ちをいち早く察するように気を配っていました。それが心地よかったのか、出かけるときは「お父さんと一緒がいい」と言い出すようにもなりました。

いつしか、子どもの行動の中に「お父さんがいないとダメだ」という気持ちが見え隠れするようになり、そう思われていることを内心喜んでいました。

しかし、**相思相愛に見えるこの関係は、後に子どもの自立を妨げるようになり、私も自分を見失う発端となりました。その頃の私たちは「共依存」に陥っていたのです。**

共依存とは、「依存症者に必要とされることに存在価値を見出し、ともに依存を維持している人間関係」です。自身の存在をお互いに依存しあっているので、傷つけあう、自尊心が低下してしまうなどの弊害があります。

親子に置き換えると、親は子どもに必要とされることに対して自分の存在価値を依存し、子どもは自分の存在を親が認めてくれることに価値を見出し、親の承認がないと不安になるという関係性が挙げられます。

子どもが「自分のことは自分でしなければいけない」という気持ちになるには、自立への意欲が必要です。しかし、親に依存することで安心感を得ている状態が続くと、その意欲は育ちません。

一方で、親が「子どもに必要とされることに、自分の存在価値を強く感じている」状態は、「親という役割に依存している」とも言えます。親という役割が外れた、個としての自身に価値を覚えなくなり、個人的な生きがいが失われやすくなります。また、子どもを通じてでしか自身の価値が感じられないので、子どもの行動に過干渉になり、支配的な関わりになりやすくなります。**親が子離れできないことも、子どもの自立を妨げる**のです。

家族だからといって、お互い無条件に口出ししたり依存したりしてしまうと、いつしかお互いがカセとなり、自立した個人としての自由やアイデンティティは簡単に失われます。知らない間にお互いを傷つけあい、家族としての関係が維持できなくなるのです。

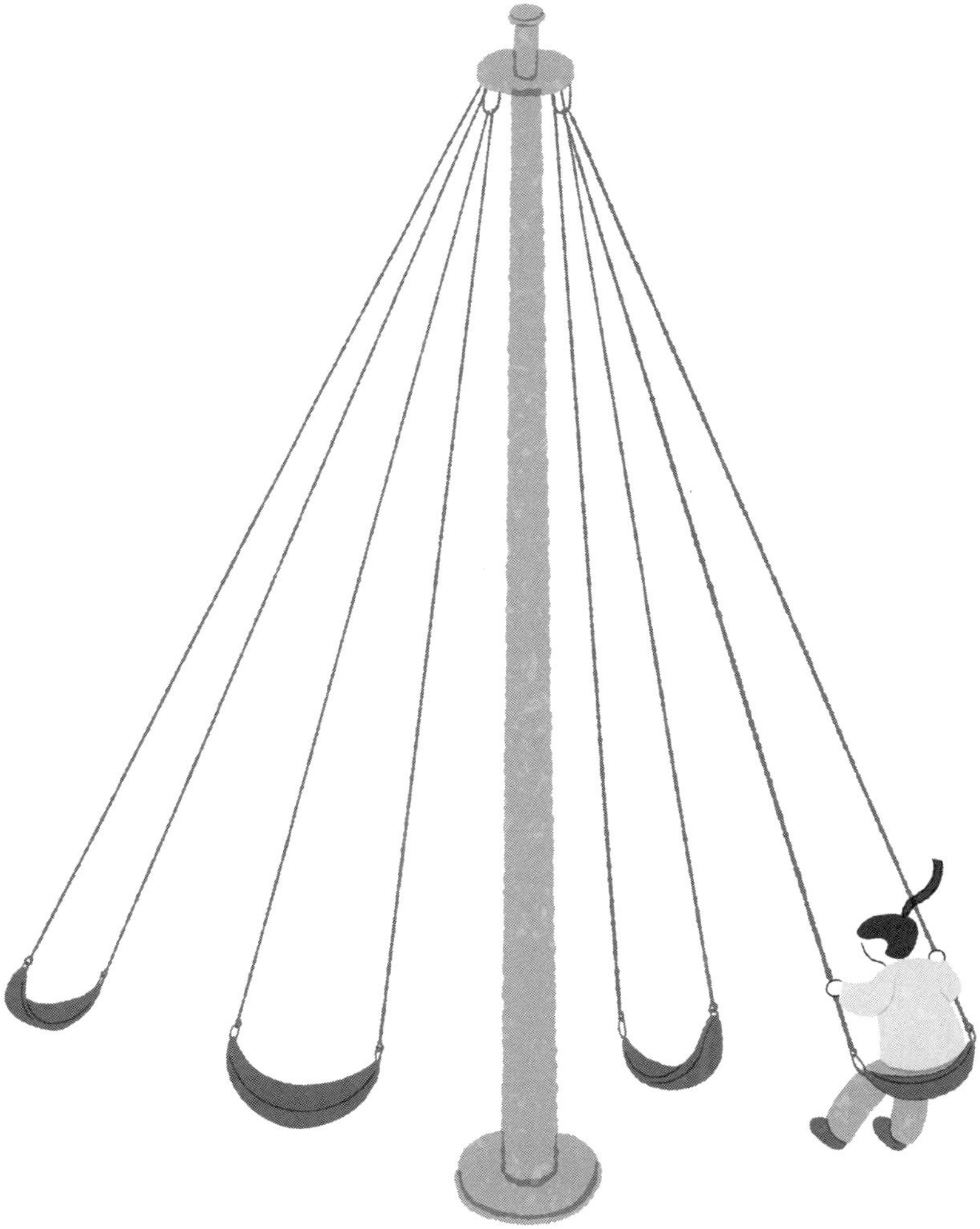

これは障がいの有無に関係ありません。

家族としての関係性を維持するためには、家族それぞれが自立できる距離を互いに保つ必要があります。親であっても子どものことすべてに介入してはいけないし、子どもは親に依存せず、自分のことは自分でするように努力しなければいけません。

子どもの自立が約束されていない障がい児の親子にとって、そのような関係性を保つことは容易ではありません。だからこそ、共依存に陥らないように、親子の距離感について強く意識する必要があるのです。

子どもといい関係を築くには、子どものことを、意思を持った個人として尊重し、自分も親ではない「個人としての意思」を持たなければならない。そう私は考え、息子との距離の取り方を意識するようになりました。それ以来、息子を「これから自立していく人」として扱い、日常的に距離を保つようにしたのです。

ただ、現実には子どもは障がいのために、自分の力だけではできないことがあります。そういったことを考慮すると、**「精神的に自立すること」と「能力的に自立すること」は分けて考える必要があります。**

自分ではできないことでも、なんとかまわりの助けを借りて、自分の生活を続けていこうという意志があれば、それは精神的な自立になります。

私は息子の精神的自立を促すために、将来のことを本人と話し合いながら、**生活の中で必要とする支援の内容を、なるべく本人に判断してもらう**ようにしました。自己判断の機会が、精神的な自立には必要だからです。

とはいえ、親が急に距離を置いてしまうと子どもは不安になります。息子には「大きくなったら、自分のことは自分でできるようになったほうがいい」と声をかけながら、日々の生活ではなるべく口を出さずに見守り、ピンチになったら助けに行くという姿勢を保っています。

そうしながら、私も個人としてやってみたいことにチャレンジすることにします。その結果、失敗談も含めて「こんなことにチャレンジしたよ」ということを息子に伝えるようにしました。

障がいに向き合いながら自立を目指す子どもには、自立や失敗に対する不安が生じるかもしれません。だからこそ、自立している大人がいろいろなことにチャレンジして失敗し、それも含めて楽しんでいる姿を見せて「自立は楽しい」ということを伝えたい。そうすれば「自立に対する不安」もある程度は取り除けるのではないかと思いました。

こうしたことに取り組んでいるうちに、息子との距離は少しずつ離れていきました。家族は、自立した個人の集まりでありたいという気持ちは、今日まで持ち続けています。そうして現在の私たち親子は、日々の大半を別々の場所で、それぞれの時間を過ごす生活を送っています。

「共依存」にならないために親子の距離をコントロールすることは、人間関係の経験値を多く持つ親にしかできません。もし、子どもからの依存を感じ、子どもへの口出しが止まらないなら、それは子どもとの距離について考えるタイミングなのかもしれません。

point27

親子の間でもお互いに自立できる距離を保つ。

提案

28

親子は
それぞれ別の道を
歩いている

先日、息子が勤めている就労支援事業所と、ちょっとしたトラブルがありました。息子が希望していた就労先とまったく異なる会社への就労移行をすすめられたのです。私は、自分が直接介入して解決しようとも思ったのですが、すべての交渉を本人にまかせて、私は相談役に徹することにしました。

このようなことは、この先も息子の身に降りかかることがあるだろう。もし息子が自分の力でうまく切り抜けられずに失敗したとしても、私が健在である今なら、なんとかなる。むしろ親が亡くなったあとは、失敗の経験こそが一人で乗り切るための糧となる、そう考えたのです。

この判断のもとには、**「自分と子どもとは別の道を歩いている」という親子の距離感**があります。

子どもが一人で過ごせず支援が必要だと、親はなかなか離れられません。しかし、そばにいて子どもが言うことを聞いてくれたり、親の心配や負担を理解してくれたりするわけでもありません。

無償で子どもに尽くす親と、親の言うことが理解できず、マイペースに過ごす子ども。

一緒に過ごしていて、先に無理が生じるのは親です。そうなると、子どもと少し距離を置きたくなるのですが、そう簡単にはいきません。親にとっては、子どもが失敗したあとの始末が大きな負担になるため、失敗する前に手が出せる距離にいたほうがラクだからです。

一方、子どもにとって都合がいいのも、親がそばにいて不快なことを事前に取り除いてくれること。子どもの心の中にも、親への依存を起こしやすいバイアスがあるのです。**親子の関係はお互いに近づく方向に向かいやすく、離れたくても離れにくいという特性があります。**でも、そのままでいると、**親は常に子どものことを気にかけていないといけないし、子どもの自立心は育ちにくくなります。**親の育児疲れや、子どもからの依存の恒常化につながるかもしれません。

子どもの側からは、親子の距離感をどうすることもできません。すると、親がその距離感をコントロールするようになります。親は**「子どもをどう育てるか」以前に、「子どもとどのくらいの距離で生活するのか」を意識する必要がある**のです。

この適切な距離をはかる手がかりは、「親の介入が子どもの成長を妨げることがある、

という意識が保てる程度に離れているか」「子どもに愛情を感じながらも、親自身も個人としての生活ができている実感が持てているか」になります。

子どもは成功や失敗の体験を積み重ねて、**さまざまな環境に、自分なりの適応の仕方を見つけていくことで成長します。**親が必要以上に手を出してしまうと、子どもの失敗が回避できて、親の手間はかからなくなる反面、適応への努力がいらなくなるために、成長の機会を失うことにもなります。

子どもが失敗しそうになり、反射的に手や口を出してしまいそうなときは、ひと呼吸置いて「この行動によって子どもは何を学ぶのか」と考えてみる必要があります。

失敗を未然に防ぐと何も学ばないかもしれないし、失敗したあとに一緒に片付けをすれば、後始末の仕方について学ぶかもしれない。そういったことを意識できる程度に離れている感覚が、適切な距離感の指標になります。

この適切な距離感は、子どもと自分の間に入ってくれる第三者がいてくれると調整しやすくなります。例えば福祉のスタッフや地域の支援員、親族や友人など。

また、子育てとは別に、親自身が個人的な目標を持つことは、日常的に「子育てを考える時間」と「自分のことを考える時間」を行き来することになり、子どもとの「心理的距離」を置くことにつながります。

それは将来の目標でもいいし、今日一日を一区切りに「あのドラマを観る」とか「コンビニで新発売のスイーツを食べる」のようなゆるい目標でもかまいません。

今日、親個人のためだけにすることがあると思えるだけで、個人の生活に対する実感を持つことができます。「親の役割」と「個人の生活」の間をバランスよく行き来することが、親子の距離を適切な位置に保つことになるのです。

子どもの成人後も、親子がそれぞれ別の人生を歩んでいる、という距離感を保つことが、長い年月の支援を続ける親の負担を軽くします。そして、そのような間柄が、結局は親子の幸福な関係性を維持するのだと思います。

point28

親は子どもの自立を促す距離感を調整する。

提案

29

親子の間に「心理的安全性」をつくる

私が、親子関係は難しいと思うのは、自分が子どもの頃に親から言われたことに傷つき、自信をなくしていたからです。その経験から、自分の子どもに同じ体験はさせたくないと思っていました。

親になり、最初に授かった息子には知的障がいがありました。何がしたいのかを読み取ることはできないし、言うことも聞いてもらえないという状況で、私はときに息子の人間性を傷つけるような言葉を浴びせてしまいました。そして、決してしないと誓った行為をしてしまったことで、何度も自己嫌悪に陥りました。

自分が子どもの頃、親との関係性に求めていたものは何だったのだろう、と振り返ったときに気づいたのが、**「心理的安全性」**です。

心理的安全性とは、自分の考えや気持ちを安心して表現できる状態です。それが確保されていると、内面をありのままに表現しても、安易に判断されたり否定されたりしません。コミュニケーションの場で自分が傷つけられることがない、という安心感があり、それが相手に対する信頼にもなります。

子どもの言動に対して親が感情的に反応したり、即座に否定したりすると、子どもは

自己表現することに不安を感じるようになります。その状況が続くと、子どもは強く反発するか、心を閉ざしてしまうでしょう。そうしないと、自分の心を守れないからです。

そのことに気づいてから、私は息子の言動を安易に否定せず、一旦受け止める努力をするようになりました。息子がイライラして泣き叫ぶときは、その行動をやめさせるのではなく、「大丈夫だよ」と声をかけながら抱きしめるようにします。すると息子はおとなしくなり、徐々に気分のムラが減っていきました。

成長の段階で言葉が少しずつ増え、自分の欲求を表現できるようになると、今度は身勝手とも思える言動をするようになりました。知的な遅れのために状況が理解できず、欲求を抑えられないのです。その言動にも即座に否定することは避け、一旦聞いた上でお互いが納得できそうな妥協点を探すようにしました。

それでも、私が受け止めきれず衝動的に反応しそうになったときは、物理的に距離をとるようにします。少しの時間でも離れていると双方が冷静になり、再び会話ができるようになるからです。

一方、**親にとっても、子どもに素直な気持ちが伝えられないのは「心理的安全性」が**

損なわれていると言えます。そのため、ときには自分の感情を「君のことは大切に思っているけど、○○されるのは悲しい」と伝えるようにしました。

そして今、成人した息子との関係はまずまず良好といった感じです。今でも夕飯を一緒に食べながら、その日の出来事を話し合ったり、二人で旅に出かけたりすることもあります。息子は成人しても、相変わらず自分のやりたいことを素直に口にします。少し違うのは、口にしたことを私が受け入れなかったとしても、そのことにあまりこだわらなくなったことです。

多くのことに支援が必要な子どもとの生活で、健全な親子関係を維持することは容易ではありません。「心理的安全性」を意識することで、子どもと過ごす長い時間は、少し穏やかなものになるのだと思います。

point29

子どもが安心して自己を表現できる関係性を意識する。

提案

30

「自分会議」で家族の関係を眺めてみる

子どものために何をしてあげるのがいいことなのか、その答えを考えるのは難しいものです。**子育てには切れ目がありません。そのため、ときには立ち止まって考える必要があります。**

子育てがうまくいっていないと感じたとき、私は「自分会議」を開くことにしていました。会議といっても参加するのは自分だけ。自分との対話を通じて、課題に向き合うのです。

「自分会議」を通して、私が行ったことが息子のストレスになっていたことや、妻のつらい心情に気づき、自身の行動を変えることになりました。

なぜ「自分会議」をするのかというと、**子どもの問題は身近すぎて、客観的に考えることが難しい**からです。**子育ての問題を俯瞰で考えるためには日常から少し離れた、ズームアウトした視点が必要**です。ですから「自分会議」は、自宅以外の場所で行っていました。

そうして見てみると、家族の様子や気持ちに対して、自身の反応や、感情に紛れて見えなかった部分が見えてきます。

すると、自分への反省点も見えてきます。家族のためにがんばっているつもりの行動が、じつは家族の気持ちとは違うベクトルの行動であったり、そもそも家族の気持ちを汲み取れていなかったり。

私は、息子のさまざまな要求に応えようとして疲れ果て、イライラしていました。しかし、息子は私を疲れさせようと思っているわけではなく、むしろ疲れてイライラされるのはイヤだと思っています。

「自分会議」で状況を俯瞰してみると、子どもや家族のことを正しく理解できておらず、空回りをしていたことに気づくのです。

家族との関係性は、自分の行動を変えることでしか変わりません。その行動も、家族の状況への理解がずれていたら、徒労に終わってしまいます。課題の解決は、状況を正しく把握することから始まるのです。

また、家族のことを大切に思っていても、できることは限られています。気づかっていきたいことがたくさんあっても、忙しい生活の中では、そのいくつかにしか手をつけられません。実際に自分がとる行動を見極めるためにも「自分会議」は役立ちます。

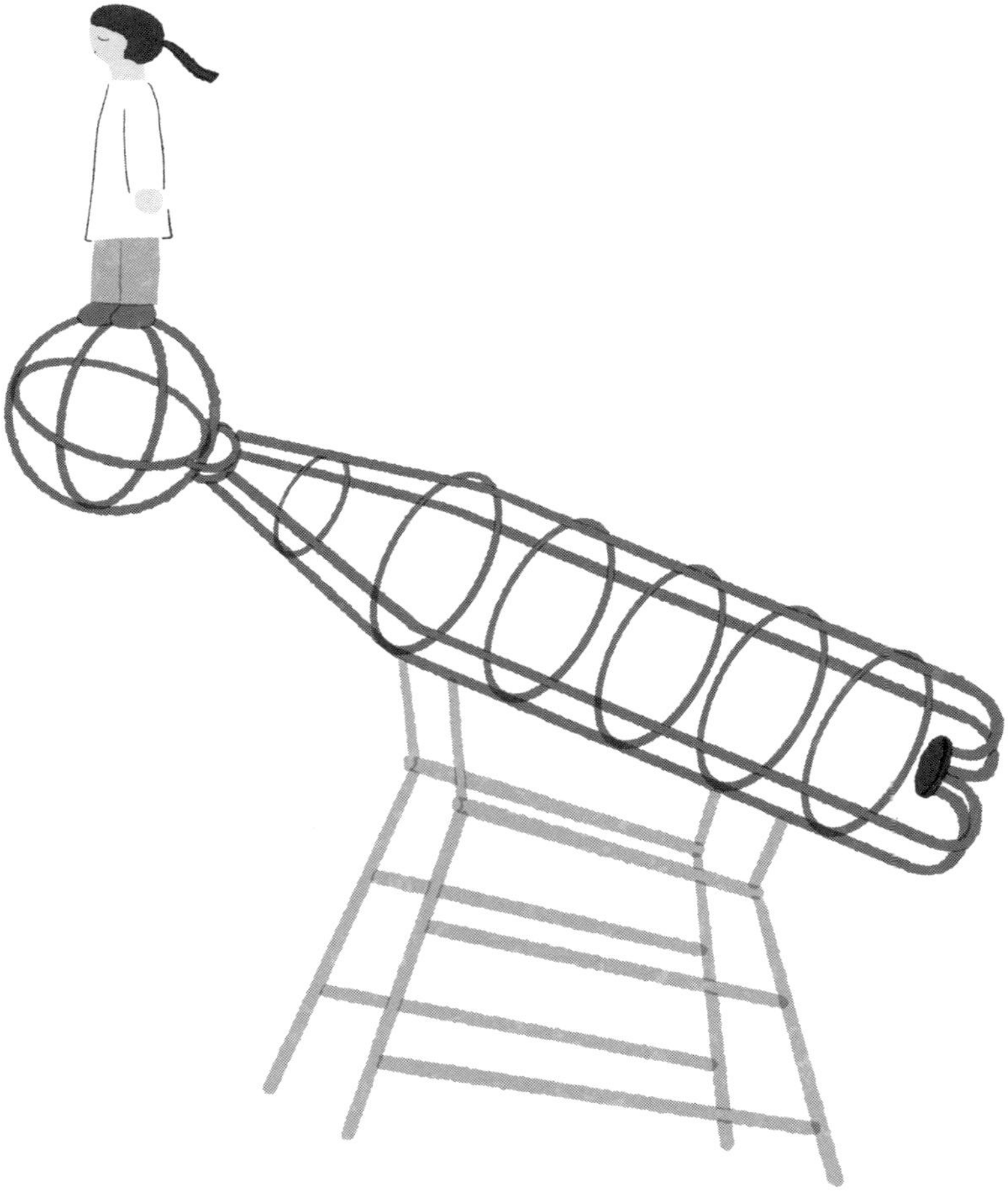

子育ての中で、自分の役割について考える「自分会議」は、考えていることを箇条書きにして進めます。その項目と順序は次のようになります。

①子どもの様子

子どもの気になる言動について書き出します。どんなときにどんな反応や行動をするのか、多めに書き出すと共通点が見出しやすくなり、普段見過ごしていることへの気づきにつながります。

②子どもが置かれている状況

保育園や学校で取り組んでいることやクラスの環境、人間関係や子どもの立ち位置、まわりから求められていること、家族との関係性などを、子どもの目線で書き出していきます。括りが大きいので、①に関係しそうなものに絞ってもかまいません。

③子どもが感じていること

①と②の間で関係がありそうなことを抽出して、子どもが感じているであろうことや、その気持ちを言葉にして書き出します。子どもの立場だったらどう感じるのかを想像しながら書くのですが、難しければ自分の子ども時代を思い出してみるのもいいでしょう。

④パートナーの様子

パートナーの様子について書き出します。

子育てにはパートナーの状態や、関係性が影響します。うまくいかないときは、パートナーにもフィルターをかけてしまいがちです。その行動が理解できなかったり、態度が軽薄に感じられたりするかもしれません。しかし、その背景には子どもの情報が共有できていなかったり、余裕がなくなっていたりということもあります。冷静に思い出しながら書いてみます。

⑤パートナーが置かれている状況

④に関連がありそうな仕事・家事・子育ての状況や人間関係などを書き出します。

⑥パートナーが感じていること

④と⑤の間にあることを想像して書き出します。大人であるパートナーには理解を求めてしまいがちです。一緒に生活していると、偏りを持って見てしまうこともあるので、冷静に考えてみましょう。

⑦自分がこれからすべきこと

以上の結果から、子どもや家族のために必要な、自分の行動をいくつか考えて書き出します。優先順位をつけ、上位1～2つがこれからすぐに行動したほうがいいことです。

「自分会議」は、自分のことを考えるときにも使えます。自分のことを客観的に見ることは難しいのですが、他人のことはそうでもありません。自分の悩んでいることを紙に書き出し、その内容を友人から相談されたら自分はどうアドバイスをするか、という視点で考えてみると、答えが見つかりやすくなります。

障がいがある子どもを育てる親は「悩んでいるけれど、ほかの人に知られたくない」という気分になることがあります。そんなときは、まずは自分自身に相談してみるといいのです。

point30

うまくいかないときは一旦立ち止まり、「自分会議」で俯瞰する。

提案

31

夫婦の意見の違いを調整する

以前は、子どもの育て方で妻と意見が合わず、よく喧嘩になりました。しかし、今では完全一致とはいかないまでも、意見の相違は気にならないレベルまで埋まっています。障がいがある子どもは、成長の到達点が予測できない上に、障がいの影響も成長や生活状況で変化していきます。**わからないことが多い状況で夫婦が互いに考えているので、子育ての意見も自然に一致しにくくなる**のです。

ここでまずしないといけないのは、**「夫婦の関係性をズームアウトして理解する」**ことです。子どもは夫婦で育てています。仕事や家事、育児などの役割やバランスは家庭によって違いますが、二人で育てることに変わりはありません。夫が仕事に出て妻がメインで子どもの世話をしている場合においても、夫は、妻が子どもの世話をするための経済基盤を担っているので、子育てに関わっていると言えます。

どちらの意見が正しいかではなく、**子育てというプロジェクトを二人でしているので、意見は半分ずつしか通らないのが普通**です。夫婦の意見は半分ずつが基本。そこからスタートすると冷静に話せるようになり、相手に受け入れられやすい言葉を選んで伝えたり、お互いの考えに配慮した提案をしたりしやすくなります。

意見に相違があるときは、共通している部分に目を向けてみます。例えば「子どもに愛情を感じている」「楽しい家庭を築きたい」「子どもに自立してほしい」などの思いは、意見が合わなくても共通する気持ちです。

障がいがある子どもを育てるとき、将来への不安は付きものです。だから、夫婦が同じ思いを持っていることに目を向けるのはとても大切です。

そのために、まずは相手の気持ちを尋ねて理解しようとするところから始めます。すると共通点がさらに見つかり、その中には、じつは方法論が違うだけで、考えていることは一緒ということもあります。

また、**意見の違いの出どころを探ると、解決の糸口が見つかる**ことがあります。例えば、「夫が仕事をしていて、妻が子どもの面倒を見ている」という役割分担の場合、次のようなことが考えられます。

- 妻に比べて夫は、持っている子どもの情報が少ない。
- 妻は、ほかの障がいがある子どもの様子を目にする機会が多く、子育てのイメージがつきやすいが、夫はそうではない。

●専業主婦の母親に育てられた夫は、子育ては妻の仕事という固定観念を持っている。
●夫は仕事でストレスが溜まりすぎて、子どものことを考える余裕がない。
●夫婦とも疲れが溜まっていて、物事を冷静に話し合えない。

夫婦の意見が合わない原因が、子どもに関する情報量の隔たりにある場合は、妻が夫に情報提供することで解決できる場合もあります。

子育ては妻の仕事だと思っている夫には、夫が子育てに協力することが、子どもの発育によい影響があることや、協力してくれるとうれしいという気持ちを伝えてみます。

意見の相違の原因が、お互いに疲れていて冷静に話し合うことができない、という状況にある場合もあります。そういうときには、ゆっくり休む時間をつくったり、楽しいことに取り組んだりすることが、夫婦の隔たりを埋めることにつながります。

point31

夫婦の意見は合わないのが普通なので、共有しているところから埋めていく。

提案

32

学校の先生と協力関係を築く

学校での支援内容には、担任の先生の考え方が大きく影響します。そのため、先生と親との関係性やコミュニケーションの内容も、子どもの学校生活に影響します。

一方で、小中高の12年の間には、子どもの見立てや教育方針に対して、先生と親との考え方に隔たりが生じることもあります。隔たりを埋めるためにはコミュニケーションをとる必要があるのですが、それがストレスになることもあります。

それでも思うことは、**子どものためには、学校の先生と協力体制を築いたほうがいい**ということです。**療育には、学校などの集団の場でしか学べないことがある**からです。

他者とコミュニケーションをとったり、協力して仕事をしたりするような社会的な学びは、学校でしかできません。

息子の同級生の親には、学校への不満や要望をひたすらに言い続ける人もいました。その気持ちはよくわかるのですが、そういう態度を取り続ける人に対しては、先生のほうも協力が難しいと感じるでしょう。

親が先生とコミュニケーションをとるメリットは、子どものための協力体制をつくれることです。そうすることで、**自宅での生活から学校での集団活動まで、切れ目のない**

支援ができるようになります。問題が起きたときも、先生に相談しやすくなり、解決のために先生に動いてもらいやすくもなります。

先生とのコミュニケーションの取り方を工夫すれば、関係性はよくなります。学校からの支援も、子どもに適した内容に変わっていくでしょう。

息子が在学している期間、私は何度も先生と話し合いました。小学校の担任の先生は、息子のことを熱心に考えてくださいましたし、中学校の担任の先生は、子ども専用の「注意障害ワークシート」を授業の一環として導入したり、ボランティア部を紹介してくれたりするなど、息子の活動の範囲を広げてくださいました。

高等特別支援学校3年生のとき就労先を検討するために、障がい者就労の事業所を5カ所ほど訪ねたのですが、そのすべての段取りを先生がしてくださり、子どもの将来について熱心な意見をいくつもいただきました。

どの先生も、息子の長所をしっかりと見てくださり、面談時には必ず伝えてくださったことをよく覚えています。手厚い支援をいただけたのは、先生方の教育への強い思いに加えて、先生方とのコミュニケーションがとれていたからだと思います。

コミュニケーションをとる上で、気をつけていたのは次のようなことです。

①先生をリスペクトしていることを伝える

人は、自分のことを認めてくれる人にはよい印象を持ちやすく、話を優先して聞きたくなります。まずは、親のほうから敬意を持った態度で接していくことで、話がしやすくなるのです。

先生は多くの生徒を受け持っているので、一人の生徒ばかりに時間を割けません。多くの要望の中で優先度が低いと判断されると、話は進みにくくなります。ですから、まずはこちらの話を聞くモードになってもらう必要があります。

こちらからリスペクトしていくと、「この生徒の親は自分を頼りにしてくれている」と認識されやすくなります。

私は先生にお会いしたら、「いつも先生が○○してくださるおかげで、子どもが○○することができています。とてもありがたく思っています」と伝えるようにしていました。

先生に対して、十分に対応してもらえていないところが目につくこともありますが、気にかけてくださったり、努力してくださったりしている部分を見過ごさないように意識したほうが、コミュニケーションはとりやすくなります。

②子どもの発達の状況を伝える

先生は、発達障害の専門家ではありません。そのため、学校で発達障害に配慮した支援を受けるために必要な情報は、先生に伝えたほうがいいでしょう。それは、「診断名」「できること・できないこと」「自宅で行っている対応の方法」などです。

「診断名」は子どもの特性を理解してもらうため。

「できること・できないこと」は、子どもの成長段階が今どのあたりにあるのかをおおまかに知っていただくため。学校で行われる活動の段階づけに活用してもらえるかもしれません。

「自宅で行っている対応の方法」は、子どもの不安が強かったりパニックを起こしたりすることがある場合、学校で同じことが起きたときの対応の手がかりになります。

また、医療・福祉で療育を受けている場合は、そこで行われている学習の方法を伝え

ておくと、学校でも同じ方法を取り入れてくれる場合があります。

私は、**「病院では〇〇という診断を受けています。家では〇〇のようなことがあるのですが、担当のリハビリの先生からアドバイスいただいて、〇〇をして対応しています。今後は〇〇が心配です」と伝えるようにしていました。**

ポイントは、子どもの症状と医療専門職の見立てをセットにして伝えること。最後に、親が心配している内容をさりげなく付け加えることです。

専門家からのアドバイスは、先生にとっても問題解決の糸口になります。症状や具体的な解決方法を先生とシェアすることで知識が共有され、後のやり取りもスムーズになります。そして、最後に心配ごとを付け加えることで、先生に取り組んでもらいたいことをさりげなく伝えることができます。

③先生が考える「必要な支援」を尋ねてみる

こちらの要望を伝えるばかりだと、先生も受け身になりがちになってしまいます。そこで、ときには先生が考えている支援の内容を尋ねてみます。すると、先生の考えを踏まえたコミュニケーションがとれるようになります。

そのために、「先生はウチの子どもに、どのようなことが必要だと思われますか？」と尋ねてみるといいでしょう。この姿勢が、先生に子どものことを「自分ごと」だと思ってもらいやすくなります。

先生が考えていることは、親が望んでいることと違う場合もあるでしょうが、まず聞くことが大切です。先生の考えた取り組みのほうが、いい結果をもたらすこともあるし、否定してしまうと協力関係が築きにくくなるかもしれません。

このようなアプローチは面倒かもしれませんが、有事に意見交換がしやすい関係を築くことになります。支援学級では、学年が上がっても担任の先生は同じということもあるので、いい関係性を育むことができれば、それだけ子どももメリットを享受しやすくなります。

振り返ってみると、息子が学校に通う12年間は貴重な時間でした。

子どもに知的障がいがあると、成長後も実年齢と精神年齢との間にギャップが残ります。息子は成人し、福祉就労の現場で働いていますが、精神年齢はいまだ子どものままなので、教育的な関わりがまだまだ必要だと思います。

しかし、**学校を卒業したあとは、子どもの行き先を親身になって考えてくれる、先生のような存在はいなくなります。**

だから今、子どもが就学している人には、先生との関係性を本当に大切にしてもらいたいのです。

point32

> 先生とのコミュニケーションの工夫は、学校生活での成長を促進する。

提案

33

子どもの
障がいを公開して
環境を整える

人との会話の中で子どものことが話題になったとき、息子の障がいのことを話すべきか迷った経験があります。

当時の私は、それが自分の弱みを晒してしまうような、言いようのない不甲斐なさを感じていました。伝えられた相手も、どう反応したらいいか迷うだろうし、ひょっとしたら気まずくなるかもしれません。

しばらく悩んだのですが、結局は多くの人にカミングアウトすることを選びました。振り返ると、**カミングアウトは子育てがしやすくなる一つの手段**になっていました。それは、息子の障がいについて、まわりの人と共有することから始まった交流や支援に、何度も救われたからです。

息子の障がいのことを最初に伝えたのは、友人たちです。

その後は皆が気にかけてくれるようになり、積極的に息子の相手をしてくれるようになりました。滅多なことで愚痴を言わない私が、くじけそうなときに思いを吐露する相手も友人でした。**友人へのカミングアウトは、結果的に私たち親子へのインフォーマル（非公式の／形式ばらない）サポートになりました。**

公的な機関からのサポートを受けるときの関係性は、少し冷たい言い方をしてしまうと、利害関係に近いものがあります。しかし、友人からのサポートはそれとは異なり、人間的な温もりや情緒の交流がありました。友人から受けた手助けは、何ものにも代え難い価値を持った思い出になり、私の人生を豊かにしてくれました。

ご近所さんについても、人柄をリサーチして信頼できると判断した人に、息子のことをさりげなく伝えるようにしました。私たち夫婦は共働きだったので、子どもが家にいて一人で過ごすとき、少しでも見守りの目が多くあってほしいという淡い期待もありました。

同じ世代のご近所さんには、意外にもすんなり受け入れてもらえ、そのいくつかと家族ぐるみのお付き合いが始まりました。高齢のご近所さんは、息子と気軽に挨拶を交わしてくれるようになり、たくさん目をかけてもらいました。**その人たちが近所にいてくれることは、息子にとっても、留守番や近所に外出するときの大きな安心材料になっているようでした。**

職場の上司や同僚にカミングアウトした結果、仕事の時間に融通が利きやすくなりました。家庭の事情とはいえ、急な休みや早退は、それをカバーする同僚にとっては負担になります。そこで、「自分の子どもは発達に遅れがあり、目が離せない」と知らせておくと、やむを得ないことだと認識してもらいやすくなります。

私は仕事に全力で取り組み、息子の療育や体調不良のときは躊躇《ちゅうちょ》なく頭を下げて早退や休みをもらい、子育ての時間を確保しながら昇進も果たしました。**職場でカミングアウトすることは、ワークライフバランスを整えることになる**のです。

子どもの障がいについて、少しずつまわりに伝えていくと、子育てはしやすくなります。ただし、障がいに関わる情報が悪意のある人に利用されないように、注意は必要です。

point33

カミングアウトすると、
子育ても仕事もしやすくなる。

第6章

子どもが成長できる支援をする

提案

34

「物心がつかない時期の体験」が成長の方向を左右する

作業療法士として働きながら、知的障がいがある子どもを社会人まで育てた経験から言えることで、確信に近いことがあります。それは、**障がいがある子どもがいろいろなことに興味を持つには、物心がつかないうちから、さまざまな体験をさせることが大切**だということです。

子どもは日々の生活の中で、無意識のうちに自分に合ったものを取捨選択し、それをくり返していくうちに趣味・趣向が形成されていきます。

しかし、**自閉症や知的障がいの子どもはこだわりを示すことがあり、特定のことに興味が偏ることも少なくありません。ある程度成長すると興味の傾向は定着し、新しいことに興味を持ちにくくなるように思うのです。**

息子のクラスメイトには、スマホのゲームやYouTubeから離れられなくなっている子がたくさんいました。それらのコンテンツには、賢い大人たちが考え抜いた、くり返し触りたくなる工夫が大量に施されています。健康な大人でさえ、太刀打ちできないほどの依存性があり、子どもたちが自制できるはずもありません。

感情をコントロールしたり健康に悪いことを我慢したりする能力は、脳の中の前頭葉が司っています。前頭葉は、脳のほかの部分に比べて遅いタイミングで発達することが知られています。つまり子どもの脳は、いろいろなことができるようになったあとに、我慢する能力が備わるようにプログラムされているのです。

幼い子どもがスマホで遊んでいるとき、主体的に我慢する能力はまだ備わっていません。依存性が高いコンテンツをくり返し使うことにより、コンテンツへの興味や関心は際限なく高まっていき、やがてはほかのことへの興味が失われていく可能性があります。

生活の幅を広げるために、主体的に行動していくようになるのか。物事への関心は薄れて、体も頭も使わない、受動的な楽しみにしか反応しなくなるのか。興味の幅が狭くなりやすい特性がある子どもにとって、分岐点はここにあるのではないでしょうか。

まだ幼い子どもの中には、いろいろなものを受け入れる〝余白〟が残されています。その時期にどのような体験をするのかが、その後の成長の方向性に影響していきます。

障がいがある子どもが大人になったとき、客観的に考える能力が身についていなければ、**その行動原理は、習慣に左右されるようになります。**

興味を持って主体的に継続したことが習慣になるのですが、その興味は体験に関連し

たものの中から選ばれます。成長の過程で健康的な活動を体験し、興味を持ってそれを習慣としたとき、その習慣は大人になっても続くはずです。

例えば、屋外で体を動かすことが気持ちいいという実体験から、屋外でのスポーツが習慣になれば、大人になってからも深く考えることなく、その習慣は続きます。一方で、子どもの頃からタブレットやモニターを見続けることに興味が強化され、習慣化してしまうと、大人になってからもその習慣は続きます。**成長過程での体験が、大人になってからの生活の質に影響を及ぼす**のです。

では、親は子どもの実体験の機会をどうつくっていけばいいのか。子どものためによくても、親の我慢になることは続かないので、**子どもだけでなく親も楽しい、そのような親子一緒に楽しめることを、思いつくままに試していくのがいい**でしょう。アウトドアやスポーツ、陶芸などの趣味活動、ショッピングや旅行、友人たちとの飲み会など、危険が伴うものでなければ何でもかまいません。

やってみて子どもがハマらないなら、キッパリ諦めて次のことを考える。それをくり返すうちに、子どもが楽しめることが見つかりやすくなるでしょう。

私は、息子が幼い頃から、休日は一緒に外に出て過ごすようにしていました。その習慣が残っているのか、今の息子は休みの日に家にいることは少なく、お出かけをしたり、障がい者スポーツをしたりしています。

共通の楽しみがあることは、ときに対立する親子関係の支えになります。心が離れてしまいそうなときでも、共有できる活動や時間があれば、親子の関係性をつなぎ止められるからです。好きなテレビ番組を一緒に観るくらいの些細なことが、親子のコミュニケーションをつなぎ止めることもあるのです。

point34

子どもが幼いときに、
興味関心の幅を広げてあげる。

提案

35

今しか
できないことを
サポートする

子どもを社会に送り出すまで育ててみて、**子どもの成長段階ごとに「これだけは、今やらなければいけない」というものがあることに気づきました。**

成長に伴って教育の環境は刻々と変化していくのですが、その変化は子どもの成長を待ってはくれません。発達が停滞していても、定められた年齢になれば、次の段階に移らなくてはならないのです。

そして、その段階が上がるほど、集団行動の色が濃くなっていきます。みんなと同じ行動をとらないといけない教育の場では、個別に配慮できることにも限りがあります。

教育の環境が移り変わる中では、子どもにも新しい環境に適応する力が必要になります。ところが、障がいの特性によって、それが苦手な子どももいます。

適応する力が不足していると、なかなか新しい環境に馴染めず、ストレスが溜まるかもしれません。

教育が次の段階に移り、新しい環境に子どもが適応していくためには、事前の備えが大切になります。将来の課題を予想して、今のうちから少しずつ準備しておけば、子どもの適応への負担を軽くすることができます。

教育の段階に合わせたサポートを、私は次のように考えました。

①小学校入学前にするサポート
親子の信頼関係をつくる
好みが固まる前にいろいろな体験をする
人と場を共有する体験をする
セルフケアの自立度を上げる

②小・中学校時代にするサポート
成長する仕組みをつくる
環境に適応していく体験をする
生活の行動範囲を広げる

③在学中の全般にするサポート
ソーシャルスキルを学ぶ
失敗から学ぶ経験をする
卒業後の生活をイメージする

詳しく見ていきましょう。

point35

環境に適応するための準備は
子どもの成長段階に合わせる。

提案

36

小学校入学前にするサポート

親子の信頼関係をつくる

就学前に親子の信頼関係を築いておく理由は、それが就学後に起こるさまざまな問題を解決するための土台になるからです。

就学すると、子どもは親から離れて学校で過ごすようになり、そこでは必ず問題が起きます。問題の場を親は直接目にすることができないため、本人からの訴えや先生からの連絡で知ることになります。

話すのが苦手な子どもにとって、普段感じていることを言葉で伝えようとするには努力が必要になり、親にとっても拙《つたな》い話を丁寧に聞き取るために胆力が必要になります。それでも、学校で起きた問題について、子どものほうから親に話ができるようになるには、**日頃から気軽に自分のことを親に話せる関係性が大切**になります。

先生から問題発生の連絡を受けた場合、全容を把握するために、子どもにも話を聞く必要があります。この場合、子どものほうに非があることもあり、本人がそれを察していれば口は重くなるでしょう。

このとき、**子どもが親に対して、自分を大切に思ってくれている存在だと感じていれば、話す努力をしてくれます。**そうではなく、へたに話すと怒られたりして面倒くさいことになると感じていれば、話す意欲は削がれてしまうでしょう。仮に話が聞けても、信頼関係がなければ、子どもは多くを語りません。そうなると、学校で起こった問題は話し合いで解決できなくなります。

知的な発達の遅れのために言葉でのコミュニケーションが難しいときは、信頼関係の構築にノンバーバル（非言語）コミュニケーションが大切になります。子どもに目線を合わせて穏やかに語りかけたり、優しく抱きしめたり。子どものことを気づかい、言葉以外の方法でも愛情を伝えるのです。

親子の信頼関係が構築されると、就学後のさまざまな問題を、子どもと相談しながら解決できるようになります。そのために最も時間を確保しやすいのが、就学前なのです。

好みが固まる前にいろいろな体験をする

就学すると、新しい体験の連続です。椅子に座って授業を受け、決められた時間割通りに過ごし、みんなと同じ行動をする。運動会や学芸発表会は保育園とは違って規模が大きくなり、課外学習で校外にも出かけます。それらすべてが、学年が上がるごとにレベルアップしていきます。

この変化は、子どもにさまざまな経験をもたらします。好きなものに出合えるかもしれないし、新たな気づきをもたらしてくれるかもしれません。成長の一助になることは間違いないでしょう。

これらの体験を糧にするためには条件があります。それは、**子どもの新しい物事に対する興味関心に〝余白〟があり、学校にある程度適応できている**ことです。

新しい物事に興味を持てる機会があっても、本人が無関心だと活かせません。何かに強くとらわれていると、新しいことに関心が持てないのです。その代表が、インターネット上のコンテンツやゲームというわけです。

学校での活動に関心が持てなくなると、「学校というところはつまらないことをやらされる場所」になってしまいます。

また、変化に慣れることが苦手な子どもは、就学後に適応するための努力を強いられることになります。その負担をどう感じるかは、就学前までに新しい環境に適応した体験があるかどうかで変わります。

好みが固まる前にいろいろな活動をし、さまざまな場所におもむいて他人と時間を過ごす。**異なる環境に慣れた体験は、就学後の変化に適応するハードルを下げることにつながります。**

それはまた、未知の世界に、自分が好きなものがあるかもしれない、という感覚を与えてくれます。興味関心の余白は、そのような感覚を持ち続けることで維持されていきます。

ある程度成長すると好みが形成されるため、興味が湧かないところに連れ出すことが難しくなります。そのため、いろいろな体験をする最適なタイミングは就学前なのです。

人と場を共有する体験をする

学校での活動の多くは集団で行われるため、ほかの生徒との協力が必要になります。コミュニケーションの機会は増えるので、言葉が上手に話せなかったり、理解できなかったりすることは、ハンディキャップになります。

息子は、ほかの子たちがおしゃべりや遊びを通して仲良くなっていく中、それができずに取り残されました。それは予想していたことで、そのようなときに孤独を感じなくても済む準備ができないか、事前から考えていました。

私が生業としている作業療法には、「**場の共有**」という言葉があります。これは、同じ場所で過ごしたり一緒に何かをしたりすることがコミュニケーションの媒介になるという概念で、会話をしなくても、場所や活動をともにすることがコミュニケーションになるという考え方です。

そのことを知っていた私は、たとえ**会話が苦手でも、幼い頃からいろいろな人と一緒に過ごす時間を通じて、人とのつながりを実感できるようになれば、孤独にならずに済**

むと考えました。

集団では、自分とは違う特性を持った子どもから距離を置いたり、区別しようとしたりする力が働きます。見た目で異質だとわかる障がいがある子どもは、その影響を受けやすく、親にもそれなりの覚悟が必要です。

そのような環境で子どもが孤独にならないよう、**言葉を介さなくても人とのつながりを感じる感度やアンテナを持たせてあげたい。**そうすれば、孤独を感じなくても済みます。距離を置こうとする同級生が現れても、それ以外の人を身近に感じられれば気分は和らぎ、積極的に人と関わろうとする姿勢につながります。

小学校の支援学級や支援学校では、会話が苦手な子ども同士が、一緒に活動することを通じて距離が縮まり、友達になるということが起こります。人に関わろうとする姿勢は、その可能性を広げます。

就学以降は集団行動が増えるため、言葉が苦手な子どもが場を通じて人とのつながりを感じ取れるようになることは、人間関係に対する認識にも影響を及ぼします。

人とつながる感覚を形成するタイミングは、子どもの社会性が形成されはじめる幼児期、つまり就学前です。

活動を通じて人とコミュニケーションがとれているという感覚を持っていれば、学校生活への適応の仕方も変わっていくでしょう。

セルフケアの自立度を上げる

幼稚園や保育園の卒園が迫る時期に、**「セルフケア（食事、排泄、更衣など）がどのくらい自分でできるのか」も子どもの進路に影響します。**

小学校の支援級に進学すると、進級に伴ってセルフケアへの支援は減り、課外授業や宿泊研修などの学習の場は広がっていきます。中学校の支援級に進学する頃には、セルフケアへの支援はほとんどなくなります。

息子は、小学校の支援級に進学したときにお漏らしがあり、替えの下着を持参していました。着替えが一人でできない息子を宿泊研修に送り出すのは不安で、案の定、宿泊研修からパジャマのままで帰ってきたことがあります。

息子が保育園に通う頃から、私たちは共働きでした。食事や排泄が自分でできるようになったのは、保育園の先生方や日中の一時支援スタッフの方たちの支援があったからです。

セルフケアの練習に力を入れるのに適しているのも就学前です。親子で過ごす時間が長く、保育園の先生や福祉サービスのスタッフの中に、セルフケアに協力してくださる人が多いからです。

point36

就学前に、学校生活で起きる
課題解決のベースをつくっておく。

提案

37

小・中学校時代にするサポート

成長する仕組みをつくる

子どもが成長するペースに学習の内容を合わせていくことで、成長の伸びしろは大きくなります。障がいがある子の多くが、大学や専門学校に進学しないことを考えると、勉強したり何かを学んだりする機会は、人生の中でも小中高の学校生活に集約されることになるでしょう。

ところが、障がいがある子どもは一人で勉強できないこともあります。その場合、自宅での宿題や学習に親が付き添うことになり、親の負担にもなります。勉強以外でも、学校で教わる掃除などの家事は、家でしようとすると親の支援が必要になります。

このような取り組みは子どもの成長に大切ですが、親の付き添いが必要というところがネックです。しかし、学生生活で得られるものも諦めたくありません。親の都合で子どもの成長を止めないために、**子どもが一人で取りかかれる仕組みをつくります。**

例えば、宿題や簡単な家事をするとご褒美がもらえるようにする。丁寧にするのは難しいかもしれませんが、一人で学習に取りかかることを習慣化するのに役立ちます。

息子が中学1年生の頃、私は息子専用の掃除機をプレゼントしました。息子は、それで週に1度は掃除機をかけるようになりました。このような、**使ってみたくなるようなものを子ども専用にプレゼントする**という方法もあります。

定期的に外部サービスを利用する方法もあります。学校の宿題や家事練習を手伝ってくれる福祉サービスを利用したり、個人指導の塾に通ったりすることで、親が関わらなくても自動的に学習を進められます。

子育てへの意欲があっても、その強さを長く維持し続けることは難しいです。子どもの成長を堅実に支え続けるための仕組みをつくることを考えましょう。

環境に適応していく体験をする

就学以降は、新しい場所にくり返し適応していくことになります。年単位で学びの環境や内容、人間関係が変わり、最終的には学生ですらなくなります。

障がいがある子どもにとって、新しい環境に適応できることは立派なスキルです。そ

こで**大切なのは、自分なりのやり方で新しい状況に慣れた成功体験**です。自分の持っているものを利用して環境に慣れることは、ときに能力の不足を補ってくれます。この体験があると、環境が変わることへの不安は減り、前向きな行動をとりやすくなります。成長の過程で体験する、環境への適応のくり返しが、子どもの心を強くするのです。

社会生活では、適応スキルが進路を分けることもあります。そして、**異なる環境に子どもが適応する様子を見守れるのは親だけ**です。先生や療育のスタッフは、そのとき・その場の様子しか見ることができないからです。

適応スキルを高めるには、就学前と同様にいろいろな環境で、いろいろな活動体験を積むことです。**子どもの適応能力を見定めながらその機会をつくることが、環境の変化に慣れる子どもの気質を育てます。**

生活の行動範囲を広げる

息子の小学校は、自宅から徒歩5分。でも一人では登下校できず、毎日私が送っていました。ところが中学校までは20分かかり、仕事との調整がつかないので送れません。息子は自力で通う必要がありました。その後の高校受験では、自力通学を条件にしている高校が多く、また就労実習もそうでした。

私の住んでいる地域では、自力で移動できる範囲が広くないと、希望する高校に進学できないばかりか、就労先にも影響がありました。自力で移動できる範囲に進路も絞られていたのです。幸い、息子は移動することが好きだったので、自転車や電車、バスを利用する練習がしやすく、進学先や就職先の選択肢も広がりました。自力移動の範囲が広いと、療育の選択肢も広がります。サービスを探すときに送迎の有無を気にしなくてもよくなるからです。

学校生活の間に**移動範囲が広くなるように支援すると、子どもの学びから進路まで、さまざまなメリットがある**のです。

point37

学習は仕組み化し、
自力で移動できる範囲を広げてあげる。

提案

38

在学中の全般にするサポート

ソーシャルスキルを学ぶ

学校は、ソーシャルスキルを学ぶためのかけがえのない場所です。なぜなら、**学校での人間関係には失敗が許される懐の深さがある**からです。

学校で間違った行動によるトラブルが起きても、先生に協力してもらい、親が介入することもできます。同年齢の人と関わる機会が豊富で、先生のように親身に関わってくれる人がいます。ところが、高校を卒業すると状況は一変します。

福祉就労の場では、異なる年齢の異なる障がいの人たちが、ごちゃ混ぜに働いています。学校の先生のように、親身になって関わってくれる人もほぼいません。人間関係の失敗にも親は介入できません。そのような環境で子どもがソーシャルスキルを学ぶには、学校時代以上の努力が必要になります。

就労では、事業所の基準を満たした人だけが雇用されます。採用基準の中には、社会規範的な行動やコミュニケーションの取り方も、選考のポイントに入っています。挨拶がきちんとできる、わからないことは自分から聞くことができる、といったこともチェックされます。

これらを習得するには、学校のような集団学習の場が必要なのですが、そのような場は卒業するとなくなってしまいます。**学校はソーシャルスキルを学ぶ最良の場**なのです。

意思表出が難しい子どもにおいても、学校は集団で過ごすことに慣れるスキルを養う場になります。卒業後にサービスを利用するとき、自宅以外の場所で不安なく過ごせることにもつながります。

失敗から学ぶ経験をする

学校生活では、活動の種類が増えるので、必ず失敗があります。その失敗には計り知れないほどの価値があります。

社会に出てからの失敗には、社会的責任が伴います。簡単には許されなくなるし、精神的なショックも大きくなるでしょう。学校生活での失敗には、それを許容する懐の広さがあり、失敗を糧にしやすいのです。

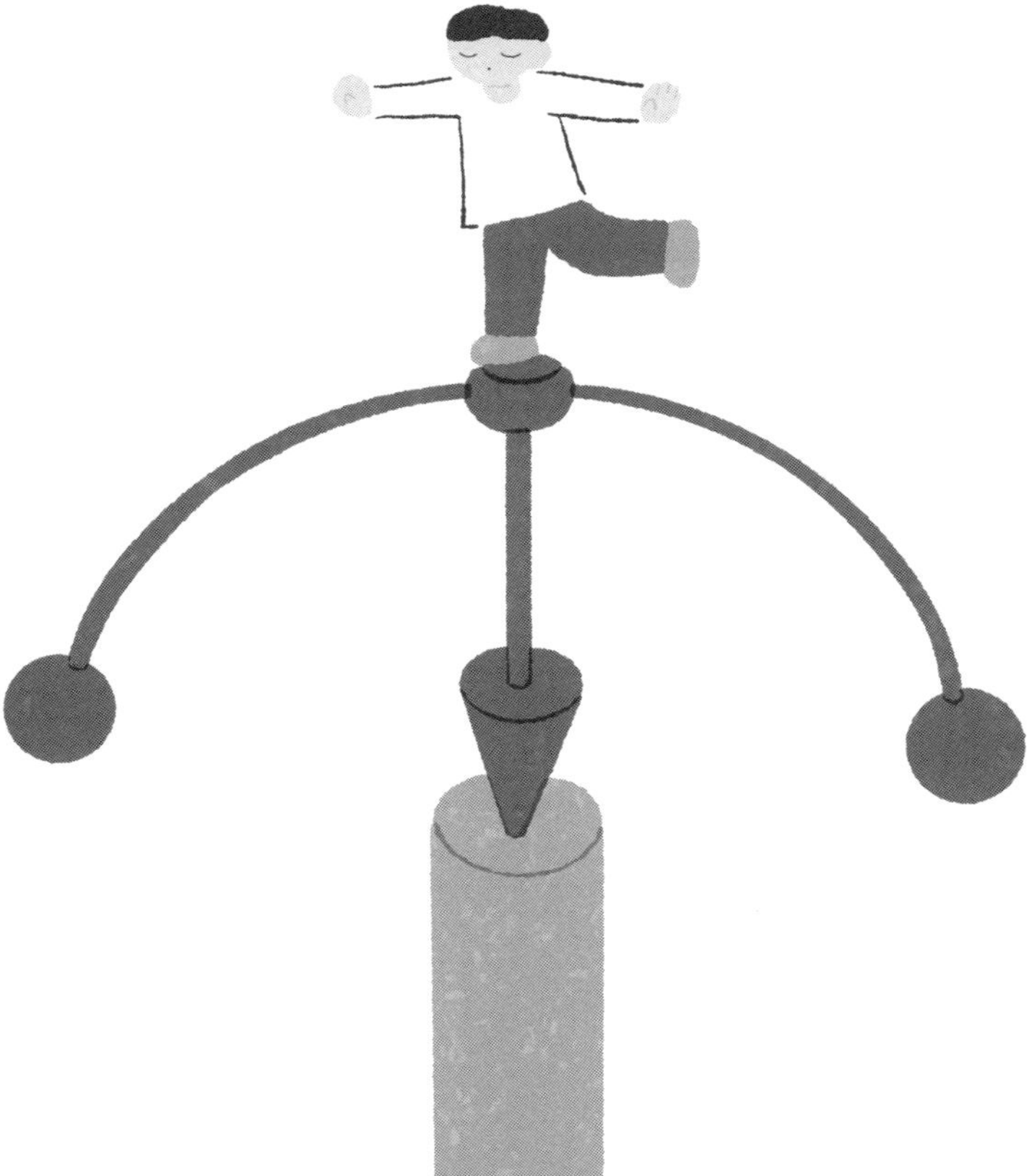

大切なのは、「失敗は次に活かせる範囲なら悪いことではない」という認識です。失敗を認めることは、同じ過ちをくり返さない行動につながります。失敗を責めるのか、原因や対応を一緒に話し合うのかで学びは変わります。

失敗を糧に仕事の質が向上した体験は、その後の学ぶ意欲を養い、社会人になったときにも役立ちます。障がいがある子どもにとって、**できることは素晴らしいのですが、失敗から学ぶことには、それ以上の価値がある**のです。

失敗の体験は、自分の苦手を知るという学びにもなります。その学びは、人に頼るという行動を生むきっかけになります。

社会に出てしまえば、頼れる人は一握りしかいません。**あたたかく見守ってくれる先生や一緒に活動に取り組むクラスメイトがいる学校は、失敗から学び、人に頼る練習をするのに最も適している環境**なのです。

卒業後の生活をイメージする

高校も2年生をすぎたあたりから、卒業後の進路を先生と話し合うようになります。息子の高等特別支援学校では、就労継続支援や企業の障がい者雇用枠に進む生徒も、就労移行支援で引き続き就労先を探す生徒もいました。

卒業後の進路を考えるときは、無理をしすぎないことも大切です。**給料の高さで選んだ仕事が長続きせず、すぐに辞めてしまう生徒がいる一方で、給料が安くても、自分のペースで働ける職場を選んで長く働く生徒もいる**からです。子どもに合った場所を選ぶためには、就労の価値をどこに見出すのかも考える必要があります。

息子が通った高等特別支援学校では、子どもたちは卒業後の進路もそれなりに決まっていきました。しかし、卒業後の生活イメージをほとんど持たないまま、学校生活にピリオドを打つことになります。

知的レベルが高い子どもは、自分なりに考えて生活を切り開いていくでしょう。しかし、私が知るところでは、学校という居場所がなくなったことを除いて、それまでとあまり変わらない人間関係や時間の使い方をしているように見えます。**在学中にしていたことが、卒業後の生活を形づくっているのです。**

息子は、在学中からクラスメイトと遊んだり、障がい者スポーツに取り組んだりしていました。その活動は、卒業後1年以上たった今も続いています。ほかの卒業生の親御さんからは、仕事がない日は一日中家から出ないという話も聞きました。

卒業後の生活とのギャップをどのように埋めるのか。その準備をする機会が、学校生活にはあるのです。

point38

学校という安全な場所だけで得られる学びを支援する。

提案

39

支援のポイントを整理する

まわりの子どもと息子を比べ、自分の育て方が間違っているのではないかと、不安を感じることがよくありました。そんな私を気づかってくれる人からは、「きっとこの子の得意なことが見つかるはずだから、がんばって」と励まされました。

障がいを持っていても、人よりも秀でたところがある子どももいるのだと思います。しかし、息子にはそれが見つかりませんでした。そのことで、どう育てればいいのか、ますますわからなくなりました。

しばらくして、息子の発達や能力の伸びに一気一憂することは、あまり意味がないと考えるようになりました。能力が劣っている子どもは、社会的な人材としては価値が低いのかもしれません。しかし、子どもの価値は能力だけで決まりません。私にとってはかけがえのない存在で、ただそこにいてくれるだけで最高の価値がある。

親が子どもの能力にこだわってばかりいると、子どももそのようになり、自信が持てなくなるかもしれません。**障がいがある子どもは、自分の能力を最大限活用して、よりよく生きようとするところに価値がある**のだと思います。

その「よりよく生き」るために、親はどう関わればいいのだろうと考えていたとき、梅永雄二さん監修の『15歳までに始めたい！　発達障害の子のライフスキル・トレーニング』（講談社）という本に出合いました。

この本に書かれている支援の視点が、息子の支援のポイントや方向性を考える上でとても参考になりました。特に参考になった「子どもに合わせてトレーニングを調整」部分の内容を、少し改変して引用します。

①得意なこと／できること

- 得意なこと、すでにできていることは積極的にトレーニングするとよい。
- 上達して暮らしやすくなる。成功体験が増えて自信にもつながる。

②得意なこと／できないこと

- 得意なのにまだできていないことは、サポートつきでトレーニングする。
- ある程度の支援があれば、身についていく可能性が高い。

③苦手なこと／できること

- 子どもが苦手なことは、今できていてもトレーニングよりサポートをする。

●子どもが努力して無理に適応している可能性があるので要注意。

④苦手なこと／できないこと

●すでに失敗をくり返してイヤになっている場合が多い。

●トレーニングは控え、サポートを中心にする。

この4つの視点に子どもの状態を当てはめてみることで、親の適切な支援のポイントが見えてきます。

この考え方を私の息子に当てはめてみると、次のようになりました。

①得意なこと／できること＝自転車に乗る、面識がある人に挨拶する

②得意なこと／できないこと＝周囲に気をつけて安全に外出する、お小遣いを使う

③苦手なこと／できること＝身だしなみを整える

④苦手なこと／できないこと＝計画を立てる、物を丁寧に扱う

息子は自転車に乗ったり、友達や馴染みの人に挨拶したりすることはできます。外出

することが好きなのですが、注意散漫で信号や車に気がつかないことが多く、一人では外出させられません。買い物は好きですが、お金の計算はできません。

当時、息子は一人で友達の家に遊びに行きたいと言い、危ないことを理由に私が引き止めていました。この視点に当てはめて考えてみて、「支援すべきところは、息子が一人で外出できるようになること」だと気がついたのです。

それからは、子どもが一人で買い物に出かける練習を始めました。近所のスーパーまで行くのに、子どもを先に歩かせて、私はあとからついていき、必要に応じて注意や声かけをします。レジでも息子を先に並ばせて、店員とのやり取りがうまくいかないときだけサポートしました。

数カ月後、息子は一人で自転車に乗って、買い物に行けるようになっていました。今では、自転車、電車、バスを利用して一人でショッピングモールへ出かけたり、友人と外食したりするようになっています。

障がいがある子の子育てでは、育て方への不安が生じやすく、どうしたらいいのか、わからなくなることがあります。医療や福祉の専門家に相談することで、障がいへの対応についてはアドバイスがもらえるのですが、どのような方向性を持って子どもを育てるのかは、あくまでも親が考えなければなりません。

そのとき、梅永さんのこのシンプルな視点は役立ちます。これに沿って考えていけば、親が支援すればいいポイントに辿り着けるからです。

point39

「得意」と「苦手」を整理して、支援のポイントを見極める。

提案

40

行動を変えて
ほしいときは
「設定」を変える

子どもがまわりに迷惑をかけていたり、やるべきことをしなかったりするとき、親は子どもに「行動を変えてほしい」と思います。知的障がいがあると、そのことを直接子どもに伝えたとしても理解が不十分なため、行動が変わりづらいことがあります。

楽しそうな場所が見えると考えるより前に駆け出し、苦手なものが目に入るだけで落ち着かなくなる。論理的に考えることが難しい子どもの行動には、ときに思考が伴いません。その行動は刺激に対する反応のようなものです。

子どもは、そのときの状況や、そのものに感じている印象が変わると、行動も変わります。このような場合、言葉で行動を変えようとするのではなく、**子どもの行動が変わる「設定」を考えることが大切**になります。

息子を例に、子どもの行動と設定について考えてみます。

私が息子に勉強をしてほしいと思い、「勉強しなさい」と言葉で伝えたところで、まずイヤがります。

わが家には、子どもの部屋も学習机もありません。そこで、部屋の一角を仕切りで区切ったスペースに机を用意して、「あなた専用の場所をつくったよ」と伝えます。すると息子は、自分専用のスペースで過ごしたくなります。

学校の宿題をしてほしいとき、机の上にプリント1枚だけを置いて、「これを済ませたらおやつを食べよう（ゲームをしよう）」と声をかけます。すると、その1枚に自然と手が伸びます。

勉強しないといけないとわかっているけど、家ではやりたくない。くつろぎたいと思っているとき、近所の個別指導塾に見学に行ってみます。学習している子どもたちを見ながら、私は「塾に来て勉強してる子はかっこいいね」と言い、塾の先生からは「ぜひうちに来てみてよ」と声をかけられます。すると、息子は塾に行ってもいいかなと思うようになります。

塾には漫画が少し置いてあります。「15分勉強したら5分読んでもいいよ」と言われると、その15分間は集中しやすくなります。

塾の先生は、子どものたわいのない話をよく聞いてくれて、息子は気が合うなと思います。そうすると、その先生に話を聞いてもらいたくて塾に行きます。

私は、毎週塾に通えたら、月に1度は好きなものを食べに連れて行ってあげると約束します。すると息子は、休まずに通います。

支援学級には、塾に通っている生徒はあまりいません。そこで学校の先生から「塾で勉強するなんて偉いね」と声をかけてもらいます。すると息子は、自分の行動が誇らしいことのような気分になります。

私は、塾の宿題を家でするごとに50円のお小遣いをあげるようにします。すると、宿題をやりたくない気持ちが、少し減ります。

進学したい高等特別支援学校が見つかったのですが、そのままの学習時間では合格できません。そこで「いちばんの勉強法は過去問に取り組むことで、そのためには塾の時間も頻度も増やさないといけないよ。そうしたら合格の確率は確実に上がるよ。あなたのためにできることは何でも協力するよ」と声をかけます。

そうすると、息子は自分の意思で、学習の時間を増やすようになります。こうして息子は志望校の試験に合格しました。

そして私は、「あのとき、過去問をがんばっていなかったら落ちていたかもしれないね。

あなたが努力して勉強したから合格したんだよ」と声をかけます。すると、息子は努力と結果の関係が少しわかったような気分になります。

これらの例で、私は子どもにとってほしい行動を言葉で伝えていません。**やる気スイッチが入る設定に少しずつ変えていっただけ**です。

子どもによっては、その設定はご褒美かもしれないし、物理的な環境かもしれません。もし自分に対する認識であれば、まわりの人からのフィードバックや、集団の中での立ち位置によっても認識は変わり、行動も変わります。また、**何をするかよりも、誰とするかということで、行動が変わる場合もあります。**憧れている人や好きな人と一緒にすることでも、モチベーションは上がります。

一見、遠まわりにも見えるこのやり方を、面倒に感じる人もいるかもしれません。それよりも、「○○しなさい」と伝えたり命令したりするほうが早いという考え方です。

ただ、そのやり方だと、言われたことの意味が十分に理解できない子どもにとっては、「親にやらされている」という認識になりがちです。一旦そう認識してしまうと、主体的

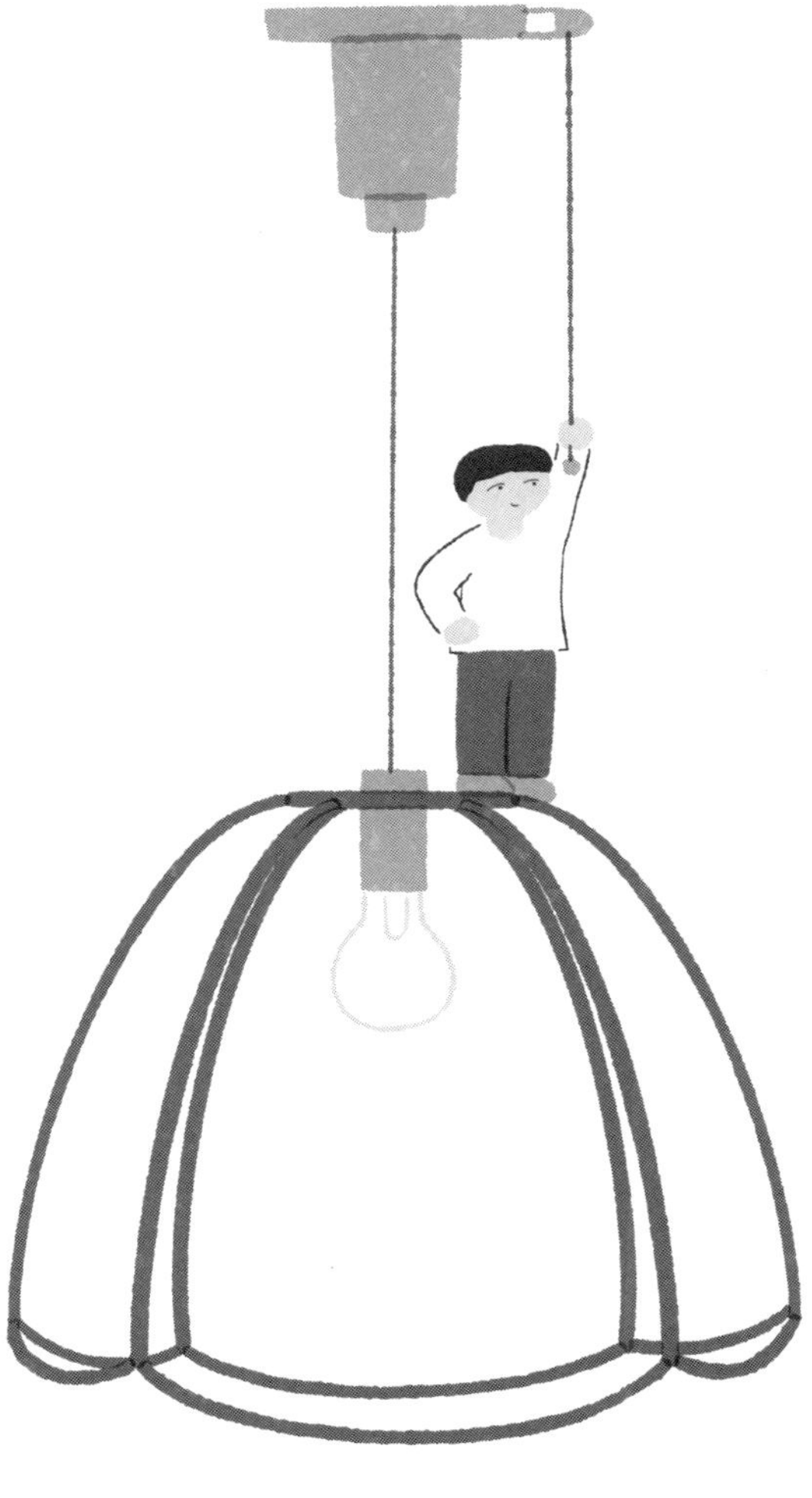

に取り組めなくなります。

子どもの行動を「設定」との関係で紐解いていくことで、親は子どもがさまざまなものに対して持っている印象や価値について考えることになります。つまり、私たちが子どものことを理解するきっかけになるのです。

何より価値があるのは、**子どもが親の望んだ行動をとらなかったとき、その原因を子どものパーソナリティのせいにしなくてもよくなる**ことです。

「この子は言うことを聞く気がない・やる気がない」と思ってしまうと、子どもに問題があるような気持ちになり、手詰まりに感じます。

そうではなく、「促し方が合っていなかった」「環境が整っていなかった」と考えると、子どもの行動に焦点が合いやすくなります。ネガティブな気分になりにくく、次の工夫を考えやすくなるのです。

point40

子どものやる気スイッチが入る設定を探す。

提案

41

「失敗」の
活かし方を
整理する

家事に追われているときに、子どもがコップに入った飲みものをこぼしてしまい、怒りが込み上げてくる。このような場面は少なくありません。

知的障がいがある子どもは、周囲への注意が不十分になりやすく、幼い頃は動くたびに散らかしたり、危ないことをしたりもします。

自立を促すためには、子どもが自分のことを自分でする機会を増やしたいところですが、そうすると失敗が増え、親の片付ける手間も増えます。子どもの失敗は親の負担になりますが、子どもの成長とも切り離せません。

失敗体験の活かし方は、その後の成長に影響します。失敗した直後の、親の対応によって、その失敗が活きるのかどうかが決まります。

記憶は、情動やエピソードを伴うほうが残りやすくなります。「やってしまった」と、子どもが動揺しているときこそ学習のチャンスです。

子どもに、考える力や学習する力が少しでもあれば、失敗の直後には、まず失敗したことへの対応方法を教えてあげます。コップの水をこぼしたらタオルで拭きとる、ものを壊したら持ち主に「ごめんなさい」と謝る。適切なタイミングに、シンプルな言葉で伝えることで、子どもの中に入りやすくなります。

次に、**同じ失敗をしないための対策を一緒に考えます。**「なぜうまくいかなかったのか」「どうすればよかったのか」を子どもに尋ねて、少しでも考える機会をつくってみましょう。答えるのが難しいようなら選択肢を示したり、答えを教えてあげたりしてもかまいません。親が一緒に考えてあげることに意味があります。

こうして、**失敗の原因や対応について子どもと共有ができれば、その後の失敗を減らしたり、行動の精度を高めたりすることにつながります。**

子どもの特性上、学習すること自体が難しい場合もあるかと思います。そんなときは、その**失敗を「子どもの取扱説明書」づくりに活かします。**

失敗の原因について考え、それを未然に防ぐための設定や環境をつくります。子どものトリセツをつくることは、失敗を減らして親の負担を軽くするだけでなく、子どもが福祉サービスを安心して利用するのに役立つ情報提供にもなります。

失敗は、大人になるにつれて周囲から許されにくくなっていきます。

息子は幼い頃、スーパーで他人のカートを間違えて押してしまい、こっぴどく怒られたことがあります。もし、同じ間違いを成人になった今もしてしまったら、怒られるだけでは済まないでしょう。

彼は福祉就労とはいえ働いているので、仕事上の失敗は、そのまま人事評価につながります。取り返しのつかない失敗をしたら、解雇されるかもしれません。

そう考えると、子ども時代の失敗はとても貴重で、その経験を活かせないのはもったいない。**幼い頃の失敗体験は、その後の行動に変容をもたらす宝物**です。そばにいると、学校生活や人間関係の失敗からの気づきが、今の生活に活きているという実感がありま す。子どもには、なるべくたくさんの失敗をさせて、行動の変容に活かす。失敗の学習が難しいときは、子どものトリセツづくりに役立てる。

子どもの失敗への向き合い方を整理しておくことが、失敗を上手に活かすコツになります。

point41

失敗は行動の変容に活かし、
それがダメならトリセツづくりに活かす。

提案

42

学習に「実体験」を活用する

息子が小学生の頃、丁寧に教えても学習できないことが頻発していました。手取り足取りわかりやすく教えても、一向に身につかないのです。この頃から子どもの中で、教わることと実践することがつながっていない印象を持つようになりました。

教わるという学習方法は、教わったことを模倣し、再現するやり方です。説明の内容を理解していなければ、再現することはできません。

まず自分でやってみることから始めると、うまくできない箇所を補完するところから学習が始まります。こちらのほうが息子には向いていると思いました。

ただ、このやり方だと間違いや失敗が起こりやすいので、まわりの人に迷惑がかかります。妻は息子がまわりに迷惑をかけることを心配していました。

そんなときに、前項でも触れた事件は起きました。ある日、家族でスーパーに買い物に出かけたときのこと。少し離れて戻ってきた子どもが、覚えのない商品の入ったカートを押していたのです。ほかのお客さんのカートを間違えて持ってきたらしく、追ってきた女性はカンカンに怒っていました。

私と妻は、女性に平謝りしながら子どもの障がいのことを説明したのですが、「そんな子どもを連れてくるなら目を離すな！」と怒鳴られ、妻はショックで言葉を失っていました。私もショックでしたが、子どもにはまたとない学習の機会になる予感がしました。

そのあとすぐに息子と、「なぜ怒られたのか」「どういう行動がまずかったのか」「今後どういう行動をすれば、同じことが起こらないのか」といったことを、わかりやすい言葉で問いかけながら解決案を話し合いました。

それ以降、このような間違いは二度と起こりませんでした。学習したのです。

子どもは、他人のものを黙って拝借してはいけないことはわかっていたし、自分のものと他人のものは判別できました。ただ、それは学校の中でのことです。

学校だとできるのに外ではできないということは、ほかにもありました。学校では机上の学習ができていましたが、家では落ち着くことができず、ほとんど手につきません。学校でしている掃除も、家ではできませんでした。

普段できていることも、場所や状況が変わると「初めての感覚」になる。息子は「汎《はん》化《か》」が苦手なのです。汎化とは、習得したスキルがほかの場面でも応用できるようになることで、授業で習った算数を実際の買い物に応用するなどがそれにあたります。

やり方を教えてもできるようにはならないし、「汎化」が苦手な息子に、教えるだけの学習は向いていない。そう考え、学習では実体験を重視するようにしました。**まずは本人にやらせて、そのあとに失敗の原因や正しいやり方を教える**のです。

その後の**学習は、実際の場面で練習する**ようにしました。外出の練習では、自宅から友人宅までの道のりを実際に歩かせます。電車に乗るときも、子どもに料金表や時刻表を確認させ、切符も自分で買わせます。買い物では、計算が苦手でも自分で支払わせました。そうした実際の生活場面での実践練習を、少しずつ積み上げていったのです。

その甲斐あってか、停滞していた子どもの成長は再び進み始めました。外出するときに玄関の鍵をかけたり、好きなものを買って食べたり、お風呂を洗ったり。以前はまったくできなかったことが、少しずつできるようになってきたのです。

「汎化」が苦手な息子にとって、社会生活に必要なスキルも、社会の中でしか身につけられません。当時の息子にとって、社会とは学校でした。

学校の先生には、「息子の情緒面は家庭でフォローするので、集団生活から逸脱するような言動は遠慮なく注意してください」とお願いしました。支援級には、子どもが先生に怒られると過剰な反応をする親もいたので、「どうぞ注意してやってください」と告げていたことが効果的だったようです。
その後の先生との関わりでは本音で話がしやすくなり、多くのことを共有できるようになりました。子どもも、先生から怒られることを通じて、社会規範を身につけていったようです。

point42

教わるのが苦手な場合は、
実践での学びを大切にする。

提案

43

教育の場を複数確保する

教育の中心となる場を思い浮かべるとき、勉強や社会的行動を学ぶ「学校」と、親から生活の仕方を教わる「家」という2つのイメージが多いと思います。

しかし、現実には「学校」では意見の合わない先生が担任になったり、「家」では思春期の子どもと親子関係がギクシャクしたりします。

「学校」と「家」だけを、子育てのフィールドに限定することにはリスクがあります。実際に私は、コミュニケーションがまったくとれない先生が担任になったことがありましたし、息子は中学生のとき、急に怒りっぽくなって親の意見に耳を貸さなくなってしまいました。

思春期の厄介さもさることながら、コミュニケーションがとれない先生との関係にはストレスを伴います。同じ先生が担当する期間は最低でも1年、長いと数年続くこともあります。

思春期のために親子関係がギクシャクするのは、気をつけていたとしても防げません。思春期のイライラは、成長の過程で脳内のバランスが崩れるために起こると言われているからです。担任の先生が誰になるのかについても、こちら側にできる手立てはありません。

未然に防げないことに対して考えなければいけないことは、起こったときの被害が最小限で済むように対策をしておくことです。

例えば、学校で合わない先生が担任になり、期待していたような教育が受けられないリスクには、学校とは別に放課後児童デイサービスや個別学習塾に通えるようにしておく。そこでの教育が順調に進んでいるなら、被害や心配は少なくて済みます。

親子関係がギクシャクしそうなときは、医療・福祉の担当スタッフとのつながりを持っておく。そうすれば、子どもが親に話しにくいことがあるときの相談相手になってくれるでしょう。

大切なのは、子どもの教育の場を複数確保しておくことです。どこかがうまくいかなくても、ほかの場で補えるようにしておけば、成長のための大きな流れを止めずに済むからです。**保険をかけておくことが不測の事態への備えになる**のです。

私は、教育の場として「学校」「家」「放課後児童デイ」「個別指導塾」「外来リハビリ」を準備していました。

ところどころで問題はあったのですが、全体からすれば部分的なものだったため、大きな流れを止めずに済みました。

教育の場を複数確保することは、親の心のゆとりを確保することでもあるのです。

point43

教育の場を複数用意してリスクを分散する。

提 案

44

「キッズ携帯」を活用する

息子が小学校低学年の頃の話です。

息子は言葉の発達が遅れていましたが、親子の会話では、こちらが予測しながら聞き方や話し方を変えるので、さほど困ることはありませんでした。とはいえ、語彙は増えないし、会話のキャッチボールも続かない。ワンパターンのやり取りが続くことにジレンマを感じていました。

この悩みを、お世話になっていた言語聴覚士の先生に相談したところ、すすめられたのが「キッズ携帯」でした。始めは「話せもしないのになぜ携帯？」と疑問に思いましたが、導入してその効果を実感しました。

息子は、相手の話を最後まで聞くことができませんでした。発語は単語だけで、こちらが言いたいことを予測して会話していたので、いつまでたっても、言葉が文章に育ちません。

「キッズ携帯」のメールは、言葉を視覚で認識します。**会話の内容が視覚情報に変換されるので、聴き終わるまで待てない子どもでも内容を確認しやすい**のです。また、言いたいことをメールで伝えるためには、文章での表現も必要になります。

「キッズ携帯」をプレゼントしたとき、息子はとても喜び、毎日親子でふざけたメールを打ち合って遊んでいました。その中で少しずつ、意味のある言葉をやり取りするようになりました。何年か使っていくうちに、拙いながらも、意味を含んだ文章のやり取りができるようになりました。

メールを使うようになって、息子と、4人いる祖父母とのやり取りも始まりました。祖父母たちからメールが届き、それになんとか答える、といったことがくり返されます。

「キッズ携帯」の導入で、コミュニケーションの頻度は増えました。

小学校高学年のとき、子どもの生活範囲を広げるために、先生と相談して小学校に「キッズ携帯」を持ち込む許可をもらいました。学校の帰りに一人で塾や放課後デイサービスに行く練習をするためです。「キッズ携帯」を持っていれば、不測の事態が起きてもすぐに連絡をとることができます。

始めは私が学校に迎えに行き、目的地まで一緒に歩いていましたが、慣れてからは、小学校を出発するときと目的地に到着したときに、「今から出発するよ」「今着いたよ」の連絡をもらうようにしました。そのことで、**離れた場所にいても、息子の状況を知る**

ことができました。

思春期になると、私との喧嘩も増えます。喧嘩のあとには私が反省することもあり、メールで息子に謝ることもありました。すると今度は、息子のほうからも、反省のあとに謝罪のメールが届くようになりました。

面と向かって言いにくいことでも、メールなら伝えられることがあります。社会に出るまでに、「ありがとう」「ごめんなさい」という**感謝や謝罪の気持ちを素直に伝える練習をするのに、メールは向いています。**

今、息子が勤めている福祉就労には下請けの業務が多く、日によって仕事の内容が変わります。その内容をなんとか理解し、わからないときには支援員に確認することができるまでにコミュニケーションがとれるようになった背景には、幼い頃からキッズ携帯を使いこなしてきたことがあるのだと思います。

「キッズ携帯」は、機能がシンプルです。最初に持たせたのがスマホだったら、息子は動画視聴やゲームにハマってしまい、実生活の幅を広げることに興味を持たなかったでしょう。

「キッズ携帯」の機能は、コミュニケーションとセキュリティに絞られており、スマホのような依存症に陥る心配はありません。セキュリティ操作も簡単で、知らない人からの連絡を簡単にシャットアウトできるし、落としても悪用されるリスクは少なく、なくしてもGPSがついているので容易に見つけられます。

コミュニケーションのバリエーションを増やしたかったり、外出練習での連絡手段を考えたりするとき、「キッズ携帯」は子どものパフォーマンスを引き出すための有効なツールになるのです。

point44

「キッズ携帯」はコミュニケーション能力を高める療育ツールになる。

第7章

子どもの将来を支援する

提案

45

成長期ごとに「意思決定」をサポートする

知的障がいがある子の子育てでは、早いうちから子どもの意思を確認しながら、繊細な判断をしなければならないことがあります。

日常面では、何が苦痛なのか、落ち着きがないときはどうしてほしいのか、など子どもの情緒や行動に関すること。教育面では、支援学級と支援学校のどちらに進むのか、どこのサービスを利用するのかなど、学習方法に関することです。

しかし、言葉の発達が遅れていると、意思を汲むことは難しくなります。ときには、人生における数少ない意思決定の機会を逃してしまうかもしれません。

私は常々息子に、**「障がいがあっても納得がいく決断をさせてあげたい」**と考えていました。

ところが、知的障がいがある息子に意思決定をさせようとすると、状況が理解できないまま、なんとなく決めてしまうことになります。そこで必要になるのが、意思決定のためのサポートです。

ここでは、私が息子に行ってきた意思決定のサポートについて、成長期ごとに振り返ってみます。

①就学前

息子は単語レベルでの会話でも間違えることがあり、意思を聞き出すことに苦労しました。そこで、「はい」「いいえ」だけで答えられる聞き方をしたり、「AとBのどっちがいい？」という**二択の聞き方をしたりして答えてもらうようにしました。**

息子はときに、情緒不安定になることがありました。中には、自身の感情がわからないから落ち着かない、ということもありました。そんなとき、私は「腹が立っているのかな？」「悲しいのかな？」という聞き方で気持ちを聞き出すようにしました。**感情のラベリングを手伝いながら気持ちに寄り添う**のです。すると少し落ち着きを取り戻し、意思表示できることもありました。

また、答えが二転三転するときは、「前にこう言ってたよ」と手を差しのべて、息子の自己理解が進むように心がけました。

②小学校時代

二語文がなんとか話せるようになりましたが、言葉や状況の理解は、まだ難しい状況でした。それでも、支援級に在籍しながらの通常学級への通い方や、日中の一時支援などのサービスの時間や頻度など、息子に判断してもらうことはたくさんありました。

息子は物事を論理的に考えられないために、「はい・いいえ」や「選択肢」を提示する聞き方に加えて、**選択肢それぞれのメリットとデメリットを提示するようにしました。**未熟ながらも、その根拠や自分の価値観に沿った選択をしてもらうためです。

高学年に差しかかる頃からは、体験を通じて判断することを、少しずつ始めました。例えば「宿題が先か、ゲームが先か問題」です。

息子には「両方やってみて、一日の終わりに気分がよかったほうにする」という提案をしました。息子はこの先も、論理的に考えて判断することができないままかもしれません。

そのため、**実際にやってみて判断する体験**をするのが大切だと考えたのです。

③中学校時代

最も大きな決断は、高校の進学先をどう決めるかでした。「ここがいいと思うよ」と提案もできるのですが、本当に息子に合っているのかは、入学してみないとわかりません。すすめた学校に進学したあとに、後悔することにならないかが気がかりでした。

ここだけは、息子が自分で考えて決断する必要がある。

そう考えた私たち夫婦は、息子ができるだけ理解した上で決断ができるように、中学2年生からの2年間で、すべての高校に2回ずつ見学に行きました。

息子は自分の目で確認した上で、自宅からいちばん遠い高等特別支援学校への進学を決めました。

それ以降は、自分で体験して決断することをくり返し、就職先も自分で決めました。

自分で考えて判断するのが難しい子どもには、意見の引き出し方に工夫が必要です。そういう工夫を日常から行うことで、意思決定の能力は引き上げられていきます。

私がこれまで行ってきたサポートが、本当はどのくらいの効果があったのかはわかりません。ただ、私から見て今の息子は、自分で決めてきたことを、後悔はしていないようです。

これから彼の人生には、転職するのか、いつまで親と一緒に住むのか、親亡きあとは施設に入るのか、などの難しい決断が待っています。そうしたことに、どのようなサポートができるのだろうかと、私は今も考え続けています。

point45

意思決定をサポートすることは、子どもの人生を豊かにする。

提案

46

子どもの成長に「投資」する

障がいがある子どもを育てる親が、一度は不安を感じるのが、お金のことです。「子どもが将来お金を稼げるようになるのか」「親亡きあとの生活資金をどうするのか」を考えたとき、真っ先に思いつくのが、子どもにお金や財産を残すことでしょう。

とはいえ、今の生活にもお金はかかるし、定年までには老後の蓄えも必要です。家計はゼロサムなので、子どもにお金を残すためには、生活費のどこかを削らなければいけません。

また、子どもに知的障がいがある場合は、財産を残せても、そのお金をどう管理していくのかという問題があります。子どもは計画的に使えないでしょうし、悪い人に騙されて奪われてしまう危険性もあります。

子どもにお金を残すということは、親に負担を強いる上に不確実です。そこで一つ言えるのは、子どもがまだ義務教育にかかる年齢で、将来、福祉就労ができる可能性があるのなら、お金を残すことよりも療育にお金をかけることを考えたほうがいいということです。

早期から充実した療育を始めることは、子どもの成長を後押しします。まずは目の前の子どもの可能性を広げるために資金を費やし、「成人後に自分で生活費をある程度稼げるようになる」という前向きな目標を設定するのです。何より子どもの成長を見ることができれば、親としてこれほど安心できることはありません。

では、療育にお金をかけて子どもの進路が変わった場合、収入はどのように変わるのか。障がい者の一般的な雇用形態に照らし合わせて考えてみます。

支援学校高等部や高等特別支援学校を卒業したあとの就労には、次のような選択肢があります。

①一般企業に障害者雇用枠で就職
②就労継続支援A型に就職
③就労継続支援B型に就職

①は一般就労とほぼ変わらず、ここで論じる必要がないため割愛します。

これらの給与額について2021年に厚労省から発表された資料によると、平均工賃は月額で②就労継続支援A型が8万１６４５円、③就労継続支援B型が1万６５０７円になり、その差は6万５１３８円になります。年収にすると78万１６５６円の差です。

子どもが20歳〜60歳まで40年間働いたとすると、生涯年収での両者の差は、３１２６万６２４０円まで広がります。

仮に小中学校の9年間に毎月の教育費として4万円をかけたとします。すると年間で48万円、9年間で４３２万円かかります。

この費用をかけることで、本来の能力ではB型にしか就職できなかった子どもが、A型に就職できるようになった場合、**生涯収入としての還元額は教育費に投資した４３２万円を差し引いても２７００万円ほどになります。**

これはあくまでも仮定であり、現実と異なる部分もあるのですが、子どもの能力向上のためにお金をかけることのインパクトは、イメージできたと思います。**生活費を稼ぐことができるようになるために、教育にお金をかけることは、子どもの経済的自立の可能性を広げます。**

就職することは、子どもに「自分の力で生きている」という実感を与えてくれます。

たとえ福祉就労で得た収入が経済的に自立できる金額に届かなかったとしても、**自分で働いた給料を、自分の好きなことに使うという行為には、何ものにも代え難い喜びがあります。**

それは、成人以降の変化が少ない生活の中で、楽しみの幅を広げ、日々の充実を味わうことができる貴重な機会になります。

もちろん、福祉就労ができるようになること自体にも、大きなメリットがあります。大人になって学校に通わなくなると、人に会う機会は減り、生活のリズムも崩れやすくなるので、健康にも気を使うことになります。仕事をするだけで、これらの課題はある程度解決できます。

息子は平日に働き、日曜日に休むことで、生活にメリハリがあるというありがたみを味わっています。

現在の日本では、人口が減り続けており、それに伴って税収も減ることが、今後の課題となっています。介護や福祉の制度は税収によって支えられているので、今後の制度がどのようになっていくのかはわかりません。

私は以前、親亡きあとのお金に関するセミナーを受講しました。そこで聞いた話では、知的障がいがある子どもが財産を相続する場合、書類の内容が理解できなかったり、署名ができなかったりすることがネックになるそうです。

そういう子どもにお金を渡すための現実的な方法は、死亡保険に入ることだそうです。そうすれば、親が亡くなったときに、子どもの口座に自動的にお金が振り込まれるのだそうです。そんな話を聞き、なんとも言えない複雑な気持ちになりました。

いずれにしろ、お金の心配をしないといけないのなら、まずは確実な、目の前の子どもの成長のためにお金を使う。そのあとに、将来の心配をしてみてはいかがでしょうか。

point46

お金は残すより先に、
子どもの自立に投資する。

提案

47

「就労の準備」は中学校時代から始める

息子には就職してほしいと、早い時期から思っていました。収入があれば経済的な不安が減り、買い物やお出かけなどの生活の楽しみが広がるからです。生活費を賄うほどの金額は望めませんが、働くことが人生に潤いをもたらすことには変わりありません。

もし仕事に就けなかったら――一日中誰とも会わず、部屋にこもってYouTubeやスマホゲームに明け暮れるかもしれません。そうなると生活は不規則になり、健康も害してしまうでしょう。

仕事のために毎日決まった時間に出勤することで、規則正しい生活を送ることができます。働くために頭や体を動かすので心身の健康も維持できます。

学校を卒業すると、家族以外の人と言葉を交わす機会は減ります。**職場で人と言葉を交わすことで孤独感は薄れ、新しい人間関係が生まれるかもしれません。**

就職の準備は、早ければ中学校から始まります。高校への進路選択で、就労先の選び方も変わるからです。高校進学の選択肢として「支援学校高等部」と「高等特別支援学校」があります。

このうち「高等特別支援学校」は就労支援に重きを置いていて、授業の内容も就労を見据えています。入学には、試験に合格する必要があります。

息子が進学した高等特別支援学校は、企業へのインターン実習が充実している反面、入学希望者が多く、試験の倍率もやや高めでした。

高等特別支援学校の入試科目には、国語や数学などの一般科目に加えて、作業課題がありました（学校によって試験の内容は異なります）。息子は勉強が苦手な上に手先も不器用だったため、試験への準備が必要でした。

知的障がいがある子どもに「試験勉強をがんばろう」と言ったところで、簡単にはいきません。試験や進学に対するイメージは曖昧で、勉強する具体的なメリットも理解できないからです。そのような弱い動機づけでは、苦手なことに取り組めません。

準備はまず、実際の高校を見学することから始めました。そこに身を置き、説明を受けることで、息子は授業の目的や内容、学校ごとの違いを理解したようです。志望校の決定には、実際に見た先輩のようになりたい、就労スキルを学びたい、ということが決め手になりました。

受験勉強は、学校や放課後児童デイサービス、個別指導塾で少しずつしていきました。中学3年生からは、個別指導塾で過去問にも取り組み、なんとか志望校に合格することができました。勉強嫌いな息子が試験勉強に取り組めたのは、実際の高校を見学したことが強い動機づけになったようです。

息子が通った高等特別支援学校には、実際の就労場所で行うインターン実習があり、実習した職場の中から就労先を選ぶシステムでした。実習先で仕事に取り組む姿勢や技能が評価され、うまくいけば卒業前に内定をもらい、そのまま就職します。就労先を決める前に、そこで働く経験ができることに安心感がありました。

実習先（＝就労先）については、先生からいくつか提示されるのですが、私は自分でも調べて提案しました。候補に挙げたのは、「就労継続支援」と「一般企業の障害者雇用枠」です。

就労継続支援の事業所リストは、市役所でもらえました。そのリストにある、家から近い事業所をピックアップし、Google マップ上にピンを立てて地図をつくり、可視化しながら、通勤時間や給与、労働時間などを見ながら息子と一緒に話し合いました。また、ハローワークに行き、障がい者求人についても調べました。
息子に向いていそうな職場が見つかると、学校の先生に見学希望を伝え、学校からアポイントメントをとってもらいました。

就労先を探すとき、実地の見学は必須です。求人票やホームページだけでは、重要なことが見えないからです。それが福祉就労であっても、職場によって障がい者雇用の考え方や障がいへの配慮、働く人たちの雰囲気、仕事をサポートしてくれる支援員の数などは異なります。

息子が就職を決めるまでにも、紆余曲折がありました。実習をして「うちで働くのは無理です」とキッパリ言われたり、実習はそれなりにできても、最後に責任者から「障がい者を雇ってあげるのだから、丁寧に早く仕事ができないと話にならない」と言われたりしました。このようなことは、実際に訪れてみないとわかりません。
仕事の内容がよくても夜勤があったり、門前払いを受けたりと、なかなか思うようにいかず、最終的には家から近い就労継続支援A型の事業所に就職が決まりました。

この紆余曲折には価値がありました。

息子は障がい者だけの職場と、一般の人にまじって働く職場の両方で実習を行いました。その経験をもとに、障がい者だけの職場で働いていきたいという気持ちを固めたのです。

実習で担当者から手厳しいことを言われたり、門前払いを受けたりしたことで、学生のうちから働くことの厳しさを知ることにもなりました。実習を終えるごとに、息子は学校での作業練習に力が入るようになりました。つらい体験でしたが、働く現場での実習をくり返すことで、社会人としての心構えが少しずつできていったようです。

息子は今の職場で、もう1年以上休むことなく働いています。そのことに私は心から安堵しています。その安心を得るための行動は、意味のあることだったと思っています。

point47

親の就労支援は高校選びから始まり、高校時代にピークを迎える。

提案

48

「自立」と「自律」の二段階で支援する

息子が小学校に入学してしばらくした頃、作業療法士の経験から、「この子は大人になっても自立した生活を送ることは難しいだろう」と感じるようになりました。

私亡きあとの息子の生活を考えると不安になるのですが、仕事で関わってきた患者さんのことがふと頭に浮かびました。

医療や福祉が必要な高齢者や障がい者の中には、身のまわりのことが自分でできなくても、一人暮らしをされている方がいます。そのことが、息子の今後の生活を考えていく上で参考になると思いました。

一人暮らしを続けている障がい者に共通しているのは、「自立」できなくても「自律」した生活を送っていることです。

「自立」は、人の助けを借りず、自分だけの力で物事を行うこと。「自律」は、自分の規範に従って行動することです。

医療現場では、生活の自立について、「日常生活動作」という見方を用います。生活の行為を、移動・食事・整容・更衣・排泄・入浴に分けて、それぞれの項目についてどの程度自分の力で行えるのか、どの部分にどのくらいの介助が必要なのかを見ていくのです。

子どもに対して漠然と「自分のことができていない」と感じるとき、この分類に照らし合わせて見ていくことで生活の能力が整理され、支援のポイントがわかりやすくなります。

「自律」の意味合いを障がい者の生活に当てはめると、障がいがあっても主体的に生活するということになります。

私が関わってきた自宅暮らしの患者さんの多くは、**自分でやり遂げる工夫をし、できないところは人の助けを借りていました。**

主体的に生活することは、自分らしく生活することでもあります。その実感が、暮らしのモチベーションになっているようでした。

親亡きあとの生活にも、「自立」と「自律」の2段階の備えが必要です。

自立への備えは、日常生活動作に加えて外出や買い物などの生活を営むために必要な行為を練習すること。自律への備えは、毎日の過ごし方やスケジュールを自分で考えて決める練習をすることや、できないことに遭遇したときに家族以外の人に助けを求める

経験を積むことです。

主体的な生活ができるようになるために、日々の生活の中でも自分で考えて判断する経験を重ねることが必要です。そこで大切になるのが、親が子どもに尋ねてみることなのです。

日常的には、1日の予定や過ごし方を。ときには遊びや学習、人間関係など身のまわりのことをどう考えているのかを尋ねてみます。その答えを、子どもが自分で考えることが、自分らしい生活を見つけることにつながります。

私は息子と将来の生活について話すとき、なるべく具体的に尋ねるようにしました。例えば、給料はいくらほしいのか、一人暮らしをしたいのか、遊びに使うお小遣いはいくらあれば満足できそうかなどです。

息子は、社会人の給料や生活費のことなどわからないため、尋ねると突飛な答えが返ってくるのですが、その都度「それはこのくらいの金額だよ」と教えてあげるようにしていました。

このようなやり取りをくり返すことで、イメージと現実とのギャップを埋めながら、

息子が望む生活を具体的にしていきました。

親が自分らしい生活をするために行動していると、自律の大切さも子どもに伝わりやすくなります。子どもの自律の規範になれるよう、目標を持って生活してみましょう。

point48

生活行為の練習に加え、
自分のことを考えて判断する練習もする。

提案

49

成人したあとの「居場所」や「つながり」をつくる

息子に知的障がいがあるとわかったとき、「話すことが苦手な息子のことを相手にしてくれる人はほとんどいないだろうし、ましてや健常な子が友達になってくれるはずがない。息子の生活は孤独なものになるのではないか」と、不安に思いました。

その心配はまだ現実のものとなってはいません。高等特別支援学校の卒業後も、何人かの友人と交流は続いていて、それなりの居場所があるからです。

しかし、ここまで予想とは少し違う道を歩んできました。

息子を孤独にさせないために、家庭以外の居場所があったほうがいい。そう思った私は、放課後児童デイサービスや障がい児向けサークルなど、居場所になりそうなところへ息子を連れて行くようにしました。

しかし、それらのフォーマルなサービスは、一時的な居場所や交流の場にはなるのですが、サービスが利用できなくなる年齢に達すると、その関係もぷっつりと切れてしまいました。

その場の縁で、お母さん同士が仲良くなる場面は見かけたのですが、子ども同士のつながりが続くことは少なく、期待していただけに気落ちしました（人によるのかもしれませんが）。

障がい者のスポーツサークルでは、活動自体は楽しめたものの、人とのつながりや居場所としての進展は、ほとんど見られませんでした。

そこにいた子どもたちは、自分とレベルが近い子と仲良くなる傾向があり、息子のようにコミュニケーションが苦手だと、声をかけてもらうことも、会話の中に入れてもらうことも、ほとんどなかったのです。

そんな息子が今もつながり続けているのは、小中学校の支援学級や高等特別支援学校でできた友人たちです。**学校生活で長い時間をかけて互いを理解し、気の合う友人だけが今もつながっています。**

療育などの目的が明確化された場面ではなく、**学校という長くてゆるい枠組みの中で、自然発生的に芽生えたつながりだけが続いている**のです。

言葉に不自由のある子どもが他者を理解し、理解されるには、ある程度の時間が必要なのかもしれません。

だからといって、つながりを求めて右往左往したことが無駄だったとは思いません。

それらの場所での人間関係を経て、自分に合いそうな人とそうでない人を見分ける、子どもなりの、ものさしができたように思うからです。

子ども時代のフォーマルな居場所での関係性は、大人になると失われてしまい、残るのは個人的なつながりだけです。その人とのつながりも、コントロールできるものではありません。

ただ、他人と同じ時間を過ごしたり、場を共有したりする機会を増やすことは、つながりの可能性を確実に押し広げます。

社会学者の古市憲寿さんは、「一緒に遊びたいと思った人には、ビラを渡す感覚で声をかけるようにしている」というようなことを言われていました。人の反応を気にせずに声をかけ続ければ、その中の何人かとはつながれるという内容だったと思います。

気の合う人に出会える可能性は人それぞれですが、その確率が仮に40人に1人だとすると、400人と会えば10人になります。息子は3カ所目の障がい者スポーツサークルで、ようやく居場所と呼べる場所に出合えました。

子どもに障がいがあり、ほかの子どもと共通項が少なかったとしても、「つながりは確率論だ」とあっさりと割り切って、**いろいろな場所に出かけて多くの人に会ってみる。そうすれば、いつかはつながりに出合うことができる。**そういう気持ちをのんびりと持ち続け、おもむいた人や場の中から、先につながるものは自然と残っていくのです。

point49

つながりは確率論だと割り切り、
いろいろな場に参加してみる。

提案

50

子どもとまわりをつなぐ「通訳者」になる

「たくさんの人に会えば、つながる人を増やせる」と考えていた私は、親族やご近所の集まり、職場のイベント、友人とのキャンプ、支援学級の集まり、障がい者スポーツサークル、福祉サービスなど、とにかくさまざまな場所に息子を連れ出しました。

そういう集まりに行くと、息子に興味を持って話しかけてくれる人が何人かはいます。しかし、場にそぐわない子どもの言動に困惑する人も少なくありません。障がいがある人と触れ合ったことがなかったり、予備知識がなかったりする人は、理解できない子どもの言動に気後れしてしまうのです。

そんなとき、私は間に入って息子の特性を説明するようにしていました。息子が苦手なことを伝えたり、意図していることを代弁したりすると、最初は戸惑っていた人も、しだいに子どものことを理解し、打ち解けてくれました。

それは、考えた上での行動ではなく、とっさの判断でそうしたのですが、結果として息子と接してくれる人は増え、成長の過程で多くの人たちと時間を共有することにつながりました。

そのおかげで、子どもは人懐っこい性格になりました。相変わらず会話は拙いのですが、人と話すことを怖がらず、自分から積極的に話しかけています。

発語や言語理解に問題があると、コミュニケーションの相手はどうしても狭まってしまいます。でもそこに、**親が〝通訳者〟として介在し、相手の不安を和らげてあげられたら、子どもと話してくれる人は増え、つながりの可能性は広がります。**

発達の検査やリハビリに行くたびに、私は専門家から検査の結果を詳しく聞いたり、子どもの言動の意味を一緒に考えてもらったりをくり返してきました。

今思えば、その頃の私は、子どもとまわりをつなぐ〝通訳者〟になるための準備をしていたのだと思います。

point50

通訳者になって
子どものつながりをサポートする。

提案

51

継続できない支援は手放していく

一時期、私は患者さんの自宅を訪問してリハビリをする仕事をしていました。そこでは患者さんだけでなく、介護をされているご家族ともたくさん話をします。

長年家族の介護をしている人が教えてくれた、考えていることや感じていることは、私たち親子の今後を考えるための大切な土壌となっています。

障がい児の子育ても障がい者の介護も、自分でできないことの世話をするという点では、ほとんど変わりません。異なるのは、在宅介護を必要とする方の多くが高齢者であり、高齢者の在宅介護には「終わり」があるということです。

一方で、**障がいがある子どもの生活の世話に、そのような「終わり」はありません。**世話を受ける子どもは親よりも若いからです。障がいがある子どもの子育てには、「終わらない介護」のような側面があるのです。

私は、子どものことを思う気持ちに偽りはないのですが、この先も、子育てに自分の時間を割き続けていく自信が持てませんでした。そのような不安が頭をかすめたときに思い出されるのが、介護を上手に続けている人の所作です。

在宅介護では、途中で介護を続けられなくなるケースがあります。介護者の疲労やストレスが蓄積して体調を崩したり、介護を続ける気力がなくなったりしてしまうのです。

一方で、介護を上手に続けている家族には共通点があります。自分でできる介護の限界を意識していることです。介護への負担が増えすぎないように**自らに抑制をかけ、介護が継続できるようにコントロールしている**のです。そのため、直接のケアは無理なく継続できる範囲に留め、それ以上のことはサービスを利用したり、**「できない」と割り切る**ようにされていました。

また、介護者自身も高齢であったり、持病を持っていたりすることもあります。そのため、介護者自身がどういう状態になったら在宅介護を終わりにするのか、ということについても、ある程度定めながら介護されていました。

介護を上手に続けている方には、自分の楽しみや気晴らしを軽視しない人が多いです。介護が必要な家族をサービスに預けている間に録画しておいたドラマを観たり、近場の大衆温泉でゆっくりしたり。ちょっとした楽しみの時間を大切にされています。

介護におけるさまざまな問題に対しては、継続することを前提に判断されています。

そのことは、「終わらない子育て」にも共通することです。継続することを前提にするとは、介護と自分のことが両立できる落とし所を意識するということです。

子どものために自分を犠牲にして疲弊し、子どもの世話を続けることができなくなることは、在宅介護を続けるご家族が、疲労で体調を崩して、介護が続けられなくなることと同じです。

そうならないためには、**くり返しになりますが、自分を大切にすることが必要です。**

私は、子どもとの生活から幸福を、今もたくさん受け取り続けています。これから続く生活も、今と同じままでありたい。そのために**「自分を大切にできるから、子どもも大切にできる」という順序を間違えない**ようにしたいと考えています。

point51

終わらない子育てでの問題は、
継続すること基準に判断する。

提案

52

コントロールできることだけに注力し続ける

みなさんは今、子育ての悩みがあるからこそ、この本を手にとられているはずです。「この先、どのような課題が待ち受けているのだろう」、「ほかの親たちは、どのような悩みを抱えているのだろう」と。

私は、子育てのさまざまな葛藤と向き合ってきましたが、その内容は、息子の成長に伴って変化してきました。ある時期の悩みは、1年後には悩みではなくなっています。その代わりに、また別の悩みに向き合うことになっていました。そうしたことを今日までくり返しています。

発達障がい児だった息子は、学校を卒業して社会に出たことで「障がい者」として、ひとくくりにされるようになりました。息子が就職してしばらく経った頃、彼には今の生活がずっと続いていくのだろうと思い、呆然としました。それでも今は、社会人になった息子のことを誇らしく思っています。

子育てに一区切りがつき、これからは自分のことに注力できると考えていたのですが、簡単には気持ちを切り替えられず、今こうして子育ての文章を書いています。

息子の同級生の中には、就職して1年足らずで辞めてしまった子も何人かいるそうです。最近のニュースでは、就労継続支援の事業所の倒産も相次いでいるようです。

今後どうなるかわからないという不安は、正直なところ今でも感じています。そして、この先も、その不安と付き合っていくことになりそうです。障がいがある子どもや自分たちの将来への不安は、考え方によっては、いくらでも増やすことができてしまいます。障がい者を取り巻く状況や社会支援のあり方は、コントロールできないからです。

であるならば、**私たちは自分でコントロールできることだけに注力したほうがいい。**

それは、今までの子育てに対する姿勢と変わりません。

子どもの成長に合わせて親の葛藤は変わります。その中で「コントロールできることに注力する」という親の姿勢だけは変えないことが大切なのです。

そうしてこれからも、このかけがえのない日々を大切にしていきたい。それが私の願いです。

point52

将来も親としてできることだけに
注力する姿勢を続ける。

おわりに

障がいがある人たちのリハビリテーションを生業にしている私は、言ってみれば息子の将来の姿に近い人たちにたくさん関わってきました。そのせいか、幼い息子の姿を目にしながら、私が亡くなったのあとの世界で生きている、成長した息子を頭の中で思い描いていました。そのような感覚で子育てをする人は少ないのかもしれません。

私の子育ては「子どもへの愛情」と「子どもの障がい」との折り合いをつけることの連続でした。そして、それは私だけではなく、ほかの親御さんも同じはずです。

普段から作業療法士として障がい者に関わっている私が、障がいがある息子の子育ての中で、折り合いをつけるために考えてきたこと。それが誰かの役に立つのではないかと考え、本書を執筆しました。

私自身、今後に対する不安がないとは言いきれません。でも、不安を抱えているのは自分だけではなく、同じ境遇の人たちががんばっていることに力をもらっています。

この本が、子育てに不安を抱えている人の役に立てば、これほど嬉しいことはありません。そして、そのような方々とどこかでつながるきっかけになってくれることを期待しています。

私たち親子はたくさんの人たちに支えてもらいました。

夫婦が揃ってインフルエンザにかかったとき、独身にもかかわらず息子を預かってくれ、その後も息子のことを気にかけてくれる石田君には、感謝しかありません。

息子を受け入れてくれた初めての家族が藤本家の皆さんでした。私たち親子をキャンプに連れて行ってくれた藤本さん。その後も家族ぐるみで仲良くしてくださり、本当にありがたかったです。

山﨑家の皆さんと過ごした時間は、私たち家族にとって楽しい思い出になっています。いつも楽しませてくれる山﨑さんは、子どもたちにとっての理想の大人像です。

息子を受け入れてくれる平田家と、その優しい子どもたちに、私たち夫婦は何度も心を救われました。

矢作君は、イヤな顔一つせず、子どもたちとの時間に何度も付き合ってくれました。友人や子どもとキャンプやフェスに行ったことは一生の思い出です。

樋野君には、深刻な悩みがあったとき何度も相談に乗ってもらいました。「自分ならこう考えます」と真剣に向き合ってくれ、もらったアドバイスにいつも助けられました。

小林さんからの温かい言葉に、公私にわたり何度も支えられました。

大橋先生は、息子の発達のことで数えきれないほどの相談に乗ってくださいました。先生との出会いがなければ、息子のことを理解できないままだったと思います。

角田さんが文章を褒めてくれたことが、本書を書く原動力になりました。この出会いがなければ、書き続けることは難しかったでしょう。

この本を書く機会を与えてくださったWAVE出版の福士さん。本当にありがとうございます。

そして、ここまで読んでくださった読者の皆さん。〝私のその向こう〟に、まだお目にかかったことのない皆さんの存在があります。

――心より感謝申し上げます。

クロカワナオキ

参考文献

神谷美恵子著『生きがいについて 神谷美恵子コレクション』みすず書房 2004年p.82

中野信子著『努力不要論 脳科学が解く!「がんばっているのに報われない」と思ったら読む本』フォレスト出版 2014年p.40-55

梅永雄二監修『15歳までに始めたい! 発達障害の子のライフスキル・トレーニング』講談社 2015年p.39

クロカワナオキ

医療の分野で20年以上のキャリアを持つ作業療法士。

結婚2年目で授かった子どもに広汎性発達遅滞があり、仕事をしながら子育てに取り組む。

子どもが10歳になる頃、子育ての時間を確保するために管理職を降りてパートタイム主夫として2年間を過ごす。趣味はアート鑑賞。

2023年よりnoteで「障がいを持つ子どもを育てる人のためのライフデザイン」の記事を書きはじめる。

note ▸ https://note.com/naoki_kurokawa

障がいのある子どもを
育てながらどう生きる?

親の生き方を考えるための具体的な52の提案

2025年2月26日　第1版第1刷発行

著　者　クロカワナオキ
発行所　株式会社WAVE出版
〒136-0082 東京都江東区新木場1丁目18-11
E-mail:info@wave-publishers.co.jp
https://www.wave-publishers.co.jp

印刷・製本　中央精版印刷株式会社

NDC378　311p　19cm　ISBN978-4-86621-512-9